Claudia Solbach

Bereit sein…

Erkenne, wer du wirklich bist

Möge dieses Buch eine Einladung sein,
die Weisheit des Lebens zu entdecken,
die durchdrungen ist von Kraft und Liebe,
eine Quelle der Erkenntnis,
voller Schwingungen und Klang
und dessen Licht die Welt erhellt.
Eine Ganzheit, die da heißt:
Ich Bin

Claudia Solbach

Bereit sein . . .

Erkenne, wer du wirklich bist

©2012 Claudia Solbach
Coverfoto u. Grafik S.117 ©Claudia Solbach
Umschlaggestaltung u. Layout Sigmar Solbach
Herstellung und Verlag: BoD – Books on Demand, Norderstedt
ISBN 978-3-8482-1693-2

Bibliographische Information der Deutschen Nationalbibliothek:
Die Deutsche Nationalbibliothek verzeichnet diese Publikati-
on in der Deutschen Nationalbibliografie;
detaillierte bibliografische Daten sind im Internet abrufbar
über dnb.d-nb.de

Inhalt

Vorwort

Ich sitze hier an meinem Schreibtisch. Der kleine Wasserbrunnen in meinem Zimmer erinnert durch sein leicht plätscherndes Geräusch daran, die Dinge fließen zu lassen. Eine Duftlampe schenkt mir eine inspirierende Atmosphäre. Leise Musik im Hintergrund erzeugt eine liebevolle Schwingung in mir. Dabei spüre ich meinen Atem, spüre meinen Körper und den ewigen Zeugen, das Bewusstsein in mir. Es formuliert sich die Frage: «Warum möchtest Du dieses Buch schreiben?»

Ich möchte Sie, lieber Leser, teilhaben lassen an dem, was mir und vielen meiner Klienten geholfen hat, sich selbst zu finden, sich selbst zu lieben und so Liebe und Frieden zu verströmen in die Welt.

Ja, es geht darum, bereit zu sein, sich selbst zu finden. Lange habe ich nicht verstanden, was das bedeutet. Lange habe ich nach der Liebe gesucht und nicht erkannt, dass ich selber Liebe bin.

Es geht darum, das Leben so annehmen zu können, wie es sich immer wieder aufs Neue zeigt. Sich zu erheben aus den Schleiern und Verdunkelungen, die sich durch unsere erlernten Muster gebildet haben. Zu entscheiden, sich aus all diesen falschen Vorstellungen und Verhaftungen lösen zu wollen und ein Leben zu leben, das sich im ständigen Fluss vorwärts bewegt.

Dabei geht es weder um einen Wettbewerb, noch um die Frage, wer besser, schneller, schöner, intelligenter oder überlegener ist.

Für mich geht es darum, das dem Leben zu schenken, was ich als Gaben mitbekommen habe, wie immer sie sich ausdrücken mögen. Es geht um die bewusste Entscheidung, meine wahre Natur zu finden und das zu leben, was sich durch mich ausdrücken will.

Es geht darum, die Beziehung zu uns selbst zu finden, dieses unser Selbst kennenzulernen, das nur darauf wartet, uns durchs Leben zu führen und zu leiten, mit all den Erfahrungen, die wir auf dem Weg machen. Erfahrungen, die uns immer wieder die Möglichkeit schenken, an ihnen zu wachsen, wenn wir uns ihnen stellen und nicht weglaufen vor dem, was sich zeigt.

Probleme sind immer dazu da, erkannt, gelöst und dadurch auch aufgelöst zu werden.

Also nur Mut, die Lösung liegt ganz nah in uns.

Egal, wo man auch gerade stehen mag, das Leben wird immer wieder eine neue Richtung einschlagen, ob wir wollen oder nicht. Egal, was auch geschehen mag, in uns allen gibt es etwas, ein Wissen, das kraftvoll ist und uns den Mut verleihen kann, auch schwierige Zeiten zu bewältigen. Es braucht nur ein

«Ich bin bereit».

Willkommen also bei der Findung unseres eigenen Selbst, die in jedem Augenblick möglich ist.

Es geht immer und immer wieder um die Bereitschaft, bewusst da sein zu wollen, wo man sich gerade befindet.

Das Leben ist wie eine Reise, wir bewegen uns von einem Punkt zum nächsten und sammeln unsere Erfahrungen.

Auf all unseren Wegen, die wir einschlagen, was wir dabei auch erfahren mögen, sind wir niemals allein. Es ist immer da, es ist uns näher als der eigene Atem oder der eigene Herzschlag. Es ist unser wahres Selbst, bedingungslose Liebe, der Beobachter, reines Bewusstsein.

Das Einzige was wir tun sollten, ist, bewusst hinschauen zu wollen, was das Leben uns in jedem Augenblick schenkt.

Wenn ich nicht bereit bin, das Leben immer wieder neu zu betrachten und in Gewohnheiten sitzen bleibe, kann das Selbst uns keine Unterstützung bieten. Man hört es einfach nicht. Wir bleiben in unseren fixen Gedanken stecken, die wir nicht einmal wahrnehmen. Wenn wir aber beweglich bleiben, unsere Muskeln und unseren Geist trainieren, können wir geschmeidig das Leben begehen.

Bewegen wir uns dagegen nicht von der Stelle, körperlich, aber eben auch geistig, baut das auf Dauer nicht nur die Muskeln ab, sondern schränkt auch unsere Fähigkeit, auf Erfordernisse des Lebens adäquat zu reagieren, immer weiter ein. Und das lässt uns fortgesetzt schmerzvolle Erfahrungen machen.

Oft suchen wir dann, zumindest traf das bei mir zu, im Außen nach Dingen, die uns erlösen sollen von allen unseren Problemen.

Ich hörte vielen Lehrern zu, suchte nach einer Lösung, die meinen Schmerz in Luft auflösen könnte oder mir zumindest ein besseres Leben schenken würde. Doch nichts davon traf ein.

Nichts hatte mich erlöst aus meinem selbst gebauten Gefängnis. Bis ich eines Tages erkannte:

«Die Lösung liegt in dir selbst. Du bist der Schöpfer deines Lebens. Nur du kannst dich selber kennen lernen. Höre auf zu suchen, beginne mit dem Finden. Fange an, deine Gedanken zu beobachten, deine Handlungen, deine Gewohnheiten. Dort liegt der Schlüssel zur Selbsterkenntnis. Freue dich über alles, was du dabei entdeckst, lass es dann dankend los und begehe das Hier und Jetzt immer wieder frisch und neu».

Genau das ist es, nur ich selbst bin in der Lage, mich zu finden, sonst niemand. Deshalb sage ich, glaubt nichts von dem, was in diesem Buch steht, bevor ihr es nicht selbst ausprobiert habt. Es sind lediglich Impulse, die aus dem Herzen kommen und neugierig machen sollen und Lust, in die eigene Erfahrung zu gehen.

Ich kann aber aus meiner eigenen Erfahrung sagen, der Gewinn dabei ist, Freude am Leben zu finden, die Liebe zum Leben, die Liebe zu sich selbst und jeden zu respektieren auf dem Weg, den er eingeschlagen hat.

Bist du auch bereit dazu…

Dann lauf los!

Nimm alles so wie es sich zeigt,
handle,
und erkenne den Ursprung,
Betrachte alles wie eine Pusteblume,
blase die Schirmchen sanft davon,
sie haben dir gedient,
dir gezeigt,
dass nichts vollkommen ist,
schenke allem die Freiheit,
dann bist auch du frei.
Jeder Tag ist neu,
wandert von Augenblick zu Augenblick,
und du hast nichts weiter zu tun,
als zu sein was du bist:
Liebe.

Wie ich wurde, was ich bin

Du kannst deine Erfahrungen nicht umgehen,
du solltest sie erleben und daran wachsen

Wir sind der Meinung, unser Erinnerungsvermögen beginne erst ab einem bestimmten Alter. Das ist auch so, allerdings trifft das nur zu auf das, was unser Verstand erinnert. Auf einer tieferen Ebene ist alles, was wir je gedacht, gefühlt und empfunden haben in unseren Zellen gespeichert, gespeichert ist auch die Weisheit, die aus dem Urgrund allen Seins, der Liebe kommt.

Ausgestattet mit diesem, natürlich noch unbewussten Wissen bin ich auf diese Erde gekommen, um die Geschichte meines Lebens in der Welt der Erscheinungen zu erfahren.

Erscheinungen von solch einer Vielfalt und Fülle, die zwar als voneinander getrennt erscheinen, aber doch eins sind, weil sie alle aus dem Einen kommen, eben diesem Urgrund allen Seins, der Liebe.

Vom ersten Augenblick im Bauch meiner Mutter spürte ich, was meine Mutter tat und dachte, auch all ihre Emotionen und nahm es in meine Zellen auf. Da war Trauer und Hilflosigkeit, da war Freude und Liebe. Eine Vielfalt von Gedanken und Gefühlen. Besonders ausgeprägt aber war Angst, die mich schließlich zu der Entscheidung zwang, entweder schnell nach draußen zu gelangen, oder aber dorthin zurückzukehren, woher ich gekommen war.

Als Sieben-Monats-Kind kam ich auf die Welt. Der Weg war anstrengend und mein Körper winzig, mit nur 1800 Gramm, die ich wog. Ich wurde in einen Brutkasten gesteckt, weit weg von der Mutter, die ich drei Wochen lang nicht spüren durfte. Ein winziges Bündel, allein in dieser großen fremden Welt.

So war mein erster Kontakt mit der Welt der Formen geprägt von Angst und dem Gefühl von Einsamkeit und Verlassen sein.

Wenn ich mir heute das Bild meiner Kindheit vorstelle, kann ich dieses ängstliche Kind sehen, aber ich erkenne auch das Kind, das sich kraftvoll und mutig auf diese Welt gewagt hat, um sie zu erfahren. Ein Abenteuer, das sich aus meiner heutigen Sicht gelohnt hat.

Zwar basierte mein Leben lange auf Glaubenssätzen und festen Überzeugungen, wie etwas zu sein hat, statt zu sehen, wie es tatsächlich ist. Aber, zum Glück, wir können uns ja ändern…

Meine Eltern, die mich von Herzen liebten, lehrten mich, wie ich mich in dieser Welt bewegen müsse. Sie wollten nicht, dass mir etwas Böses zustößt. So warnten sie mich vor Gefahren, die angeblich überall lauerten. Sie brachten mir bei, wie ich das aus ihrer Sicht Gute vom Bösen unterscheiden könne. Sie erzählten mir was vom Kampf des Lebens, in dem man nichts geschenkt bekäme. Ich hörte, wie man Regeln einhält und von Gesetzen, dessen Verstoß unweigerlich zur Bestrafung führe. Ich lernte, wie man etwas durch Manipulation erreichen kann, auch wenn man nur so tut, als ob.

Genauso lernte ich, dass ich nichts wert sei, ein Nichts-nutz, wenn ich mich nicht an die Spielregeln hielte. Da ich jedoch Neugierde im Gepäck mitgebracht hatte, habe ich trotzdem alles Mögliche ausprobiert, blieb aber davon überzeugt, dass, wenn ich bestraft oder gescholten wurde, es wohl falsch war, was ich getan hatte und ich nur, wenn ich die Bedingungen meiner Eltern erfüllte, von ihnen geliebt würde.

Was mich allerdings total verwirrte, war die Tatsache, dass ich Dinge sehen konnte, die offensichtlich sonst keiner sah. So lernte ich, mich scheinbar jeder Situation anzupassen, ansonsten aber mich spielerisch in meine Welt zurückzuziehen. Eine Welt, in der ich mich zuhause fühlte, geborgen und ohne Angst und in der ich nichts anderes wollte als das zu sein, was ich gerade war.

Doch spätestens als ich in die Schule kam, musste ich erfahren, dass mir auch das genommen wurde. Beurtei-lungen in meinen Zeugnissen lauteten: «Claudia lebt zu viel in Traum und Spiel.» Ich glaubte, alles verloren zu haben, was ich besaß. Ich fühlte mich verlassen und un-verstanden, allein in einer Welt, die mich nicht ernst nahm. Der einzige Weg, den ich nun glaubte, zu haben, um überleben zu können, war noch mehr Anpassung. Auf Anpassung folgten Lob und viele angenehme Dinge. Das prägte mich im Laufe der Zeit immer mehr.

Irgendwann habe ich die Entscheidung getroffen, mich mehr auf die Urteile der Anderen zu verlassen, als auf meine eigenen. Der vermeintliche Gewinn war ein Gefühl von Annahme und die Hoffnung, so die Liebe zu ›finden‹, nach der ich mich so sehr sehnte.

Aber so sehr ich mich auch bemühte, zu erkennen, was meine Eltern und die Menschen um mich herum von mir erwarteten, es schien mir nie richtig zu gelingen. Immer mehr schlich sich das Gefühl ein, nicht gut genug zu sein und der Glaube, andere wüssten alles besser.

So durchlebte ich meine Kindheit.

Doch als in der Pubertät die Hormone in mir aufstiegen, und ich nicht wusste, was da vor sich ging, wurde ich rebellisch und meine Eltern waren hilflos.

Eine Hilflosigkeit allerdings, die sich in Aggression, Bestrafung und Hausarrest äußerte. Meine Eltern waren überfordert mit der Situation und hatten Angst, zu versagen, obwohl sie mich doch liebten.

«Was denken die Anderen bloß über uns». Ein Lieblingsspruch meiner Eltern. Wenn andere ihre Sichtweisen und Handlungen mir gegenüber gut hießen, fühlten sie sich bestätigt in ihrer Liebe zu mir.

Egal, wie meine Eltern versuchten, mich zu erziehen, ich bin überzeugt, sie handelten aus Liebe und nach bestem Wissen und Gewissen, entsprechend ihren eigenen erlernten Mustern und Konditionierungen.

Als ich dann mit siebzehn mein Elternhaus verließ, schwor ich mir, alles anders zu machen. Doch was ich im Gepäck unbemerkt mitgenommen hatte, waren genau diese Muster, Konditionierungen und Überzeugungen. Die Hilflose ebenso wie die Rebellin.

So fing ich an, mich in Freiheit wiegend, mein Leben zu gestalten. Niemand könnte mir jetzt noch Vorschriften machen und ich könnte tun und lassen was ich wollte. Ich stürzte mich ins pralle Leben, nicht merkend, wie viel ich von den erlernten Mustern mitgenommen hatte, die mich handeln und agieren ließen.

Ich schuf mir unbewusst Situationen, die meine Überzeugungen bestätigten und so die Muster noch tiefer in mich einbrannten. Ich kämpfte, strengte mich an und stand trotzdem oft hilflos vor Situationen, die mich verzweifeln ließen.

Mit 19 Jahren wurde ich schwanger, was ich als großes Glück empfand. Ein Gefühl, das mir den Eindruck vermittelte, gefunden zu haben, wonach ich mich gesehnt hatte. Etwas, das man mir nicht wegnehmen konnte, und um das ich nicht kämpfen musste. Ein Kind, das ich mit all der Liebe, die ich in mir empfand, überschütten konnte. Mein Kind, mein Besitz, der mich glücklich machen sollte.

Eine schwere Bürde, die ich meinem Kind damit auferlegt hatte, nicht merkend, dass meine Eltern das gleiche auch mit mir getan hatten. Auch sie hatten schützend, manchmal auch erdrückend, die Hand über mich gehalten, damit ich ein gutes Leben haben würde und ich sie glücklich und stolz machen würde.

Meine Eltern rieten mir, das Kind abzutreiben.

Natürlich auch im eigenen Interesse, denn was würden die Anderen denken, wenn ich in meinem Alter, noch dazu unverheiratet, ein Kind bekäme. Ich würde Schande über die Familie bringen.

Da regte sich wieder die Rebellin in mir. Niemals würde ich meinen errungenen Besitz, das Wunder in mir, hergeben.

Ich ließ mich allerdings auf den Kompromiss ein, den Vater meines Kindes zu heiraten, damit die Schande nicht allzu groß wäre. Nun landete ich in einer Ehe, die alles andere als glücklich war.

Ich klammerte mich an mein Kind, in der Überzeugung, dass eben alles seinen Preis hat. Ich versank in Trauer, Verzweiflung und Schuldgefühlen und richtete meine ganze Liebe und Erwartung auf mein Kind, an das ich so hohe Erwartungen stellte, die es unmöglich erfüllen konnte.

Obwohl ich meine äußeren Umstände immer wieder veränderte, nahm ich meine Verzweiflung, Hilflosigkeit, Angst und meine Schuldgefühle überall hin mit. Daraus entwickelten sich Wut und Hass in mir, alles ganz weit weg von der Liebe.

Ein vages Gefühl von Liebe und Zuneigung empfand ich nur, wenn andere mich lobten und anerkannten. Also strengte ich mich an, alles zu tun, was andere von mir wollten. Ich musste mir mein Glück erst verdienen. Davon war ich überzeugt.

So stolperte ich über viele Steine und in Situationen, die ich irgendwie zu meistern versuchte.

Das Leben schenkte mir noch zwei Kinder und alle drei sind bis heute mein ganzer Stolz, weil sie sind, was sie sind und wie sie sind.

Es liegt mir fern, meine Lebensgeschichte und die daraus entstandenen Verstrickungen auszubreiten. Was ich jedoch vermitteln möchte, ist, dass ich eines Tages zu der Erkenntnis kam, hier stimme etwas nicht, so könne das nicht weitergehen, es müsse doch noch was anders geben.

Ich entwickelte die Bereitschaft, mein Leben zu durchleuchten. Ich war bereit, mich den Dingen zu stellen. Das führte mich zu Vorträgen, Seminaren und zu Menschen, die das gleiche wollten und ihre Erkenntnisse und Erfahrungen mit mir teilten.

Anfangs erwartete ich allerdings, von ihnen gerettet zu werden. Das konnte natürlich nicht klappen. Denn sie waren lediglich Lehrer, die ihre eigenen Erfahrungen wiedergaben.

Eines Tages wachte ich auf und die Welt hatte ein neues Gesicht. Ich sah plötzlich die Möglichkeit des Neuen im Alten. Mir wurde klar, dass es nicht an den anderen war, meinem Leben eine neue Richtung zu geben, es lag einzig und allein an mir. Es lag an mir, meine Gefühle und Gedanken zu untersuchen und auf ihren Wahrheitsgehalt zu überprüfen

Schicht für Schicht begann ich nun, mein Leben zu durchforsten. Licht in die Ecken meiner unbewusst gelebten Verhaltensweisen zu bringen.

Dabei konnte ich klar erkennen, dass ich so ähnlich gehandelt hatte wie meine Eltern und diese bestimmt auch so, wie meine Großeltern und so weiter und so weiter. Und alle im festen Glauben, das Beste und Richtige zu tun.

Ich fragte mich, wozu also noch nach Schuldigen in meinem Leben suchen, wenn doch das Motiv allen Handelns Liebe war, wenn auch manchmal verzerrt durch erlernte Muster.

Ich hatte plötzlich verstanden, dass all die Schmerzen, die Verzweiflung und Hilflosigkeit in meinem Leben einen Sinn hatten. Sie haben mir gezeigt, dass ich sehr wohl die Macht habe, eine Wahl zu treffen: Entweder weiter zu verharren in einer leidvollen Situation oder den Weg aus ihr heraus zu wagen, hin zum Glücklich sein.

Genau diese Macht der Wahl besitzen wir alle, wenn wir uns dessen nur bewusst sind.

Jetzt endlich konnte ich allem vergeben, was je in meinem Leben vermeintlich schrecklich war und darin das Geschenk erkennen, dass das Leben mir gab. Ich fing an, den Urgrund allen Seins zu verstehen, der nichts anderes ist als Liebe.

Und wenn ich mal wieder in Unbewusstheit abtauche, es erkenne, weiß ich jetzt, wie ich wieder zurück ins Bewusstsein finde, zurück zur Liebe. Ich gehe nach wie vor über Stolpersteine im Leben, aber sehe sie nun als das, was sie sind, meine Lehrmeister.

Die Motivation, die mich dieses Buch schreiben lässt, beruht darauf, zu wissen, dass jeder Frieden und Glück finden kann, wenn er nur bereit ist, sich und sein Leben vorbehaltlos anzuschauen und die richtigen Schlüsse daraus zu ziehen. Und je mehr es tun, desto mehr kehrt Frieden ein in diese Welt.

Deshalb versuche ich in den nächsten Kapiteln zu beschreiben, warum sich so ein Schritt hin zur Liebe zu uns selbst, wie zu allem was existiert, lohnt. Vielleicht erwecke ich bei dem einen oder anderen Leser die Lust, das Wunder und den Sinn des Lebens zu entdecken, denn die Welt sehnt sich nach Frieden, Liebe und Glück.

Kraft und Liebe,
individuell und ganz persönlich

Wer in den Fußstapfen eines anderen wandelt,
hinterlässt keine Spuren
(Wilhelm Busch)

Verbindet sich Kraft mit Liebe, erhalten wir die Frucht, die daraus entsteht. Früchte, die allerdings so unterschiedlich sind, wie jeder einzelne von uns.

Betrachten wir dazu das Beispiel eines Baums.

Seine Kraft ist im Stamm des Baumes, dessen Wurzeln tief in der Erde verankert sind. Aus diesem Stamm bilden sich viele Verzweigungen bis hin zu kleinsten Verästelungen, die sich nach oben ausbreiten. Diese Verzweigungen und Äste tragen die Früchte, Früchte, die so einzigartig sind wie jeder Baum, der sie hervorbringt.

Übertragen wir das Bild auf uns Menschen, ist der Stamm die Person mit ihrer Persönlichkeit. Die Wurzeln sind die Verankerung und die Stabilität im und die Bejahung zum Leben. Die Äste mit ihren Verzweigungen wären dann die verschiedenen Veranlagungen und Begabungen.

So wie kein Baum exakt den anderen gleicht, so auch bei uns Menschen. Jeder ist eine Persönlichkeit, individuell und einzigartig. Ausgestattet mit der Fähigkeit, die Früchte, die in ihm schlummern, zu erwecken.

Diese Früchte liegen auf dem Tisch des Lebens, um uns zu nähren. Wir nehmen sie in uns auf und verstoffwechseln sie. Früchte, die unser Leben erhalten und immer neue Kraft erzeugen.

Doch manchmal wollen wir kein Apfelbaum mehr sein, sondern vielleicht lieber ein Birnbaum, weil wir ihn schöner, bunter oder sonst wie anders, jedenfalls besser als wir uns selbst finden.

Wir strengen uns an, um das zu erreichen und verbiegen uns dabei in alle möglichen Richtungen. So kommt es vor, dass sich die Wurzeln aus ihrer Verankerung lösen und wir den Halt verlieren. Der Apfelbaum klammert sich nun verzweifelt Halt suchend an den Birnbaum, in der Hoffnung, doch noch ein solcher zu werden. Er glaubt jetzt vielleicht, ein Apfelbirnbaum zu sein. Doch ohne eigene kraftvoll verankerte Wurzeln kann er vergehen, ohne jemals Früchte, oder aber nur wenige, getragen zu haben.

Er hat seine Einzigartigkeit aufgegeben und die Individualität seiner Persönlichkeit verloren. Hat nun sogar durch seinen Glauben, ein Apfelbirnbaum zu sein, eine Persönlichkeit geprägt, die er gar nicht ist.

Doch was ist eine geprägte Persönlichkeit und was ist persönliche Individualität?

Eine geprägte Persönlichkeit ist eine Person, deren Eigenschaften sich im Laufe eines Lebens entwickelt haben durch erlebte, erlernte und vermittelte Erfahrungen, die bestimmte Eigenschaften hervorgerufen haben und durch Wiederholungen zur Gewohnheit geworden sind. Zum Beispiel die Gewohnheit, sich dem Außen anzupassen, aus Angst und dem Gefühl heraus, sonst nicht liebenswert zu sein.

Diese erlernten und konditionierten Gewohnheiten manifestieren sich durch Wiederholung immer mehr, deutlich erkennbar in unserem Verhalten. So werden sie dann auch von den anderen wahrgenommen, die uns unter den verschiedensten Bezeichnungen, der ist so, die ist so, in die entsprechenden Schubladen schieben und wir uns nach Kräften bemühen, dem auch ja gerecht zu werden.

Völlig vergessen ist, wer oder was wir wirklich sind, eben individuell und einzigartig in unserer Erscheinung und mit unseren Begabungen. Stattdessen nehmen wir eine Form an, die wir durch die Meinung anderer haben formatieren lassen. Dabei könnten die Reaktionen der anderen auf uns zu einem Spiegel werden, der uns reflektiert. Sie könnten uns, wenn wir sie bewusst betrachteten, zeigen, wo wir festgefahren sind im Fluss des Lebens. (Wie ich im Kapitel ›Der Spiegel‹ beschreiben werde)

Individualität dagegen bedeutet, die in jedem potentiell angelegten unverwechselbaren, einzigartigen Begabungen und Fähigkeiten zu leben, ein Wesenskern, der danach strebt, sich selbst zu entfalten.

Wird dieser Prozess nicht gestört, (wie leider nur allzu oft), entwickelt sich eine Persönlichkeit, die in der Wahrnehmung der äußeren Welt auch die innere Wirklichkeit erlebt und die Gewissheit erlangt, in allen, wie auch immer gearteten Lebensumständen, mit sich selbst identisch zu sein.

Sie wird in der Lage sein, gemachte Erfahrungen richtig einzuordnen und aus sich selbst heraus zu handeln. Bewusst, unverwechselbar, nicht austauschbar, eben einmalig.

Idealerweise entwickeln wir uns so zu bewussten, individuellen Persönlichkeiten und sind somit ein wertvoller schöpferischer Teil im großen Ganzen, aus dem auch wir wiederum schöpfen.

Doch wir haben uns im Laufe eines Lebens zu Persönlichkeiten entwickelt, die wir glauben zu sein, weil unserer Umwelt uns so sieht. Sind angepasst an Sichtweisen, die wir gelernt und übernommen haben. Angepasst an die Gesellschaft, an eine Gruppe oder deren Anführer, vielleicht einen selbst ernannten Guru. Schwelgend in dem Glauben, so endlich die verloren geglaubte Geborgenheit und Anerkennung zu finden.

Aber eine kollektive Gemeinschaft entwickelt oft gleiche Denkweisen. Man wird zum Schaf in der Herde, die dem Schäfer folgt, um Futter zu finden, aber an der Schlachtbank endet. Angepasst und gehorsam, sich selbst verleugnend.

Gelernt zu funktionieren, lassen wir uns unterdrücken in diesen Machtgefügen. Wir haben verlernt, unsere Individualität zu leben und suchen ständig nach Lob und Anerkennung im Außen, dessen Ausbleiben uns ein Gefühl des Verhungerns verleiht. Dann laufen wir zu Höchstleistungen auf, um endlich satt und vielleicht doch ein wenig mächtiger zu werden. Bestätigung wird zum Lebenselixier.

Leider verlieren wir dabei unsere innewohnende natürliche Lebendigkeit und nehmen uns selbst immer weniger wahr. Werden unbewusst, wandeln unzufrieden durchs Leben wie Marionetten, immer im Glauben, sich den Dingen anpassen zu müssen. Wir merken nicht einmal, wie wir uns selber dabei verpassen. Wir schneiden uns sozusagen ab von unseren tiefsten Gefühlen und Bedürfnissen.

So fallen wir in eine Dunkelheit, die zu Einsamkeit und Selbstmitleid führt. Daraus können Depressionen entstehen, sowie die Angst, wertlos zu sein.

Irgendwann akzeptieren wir diese Dunkelheit, nehmen unser Leben als gegeben und unverrückbar an, weil wir vergessen haben, dass wir Licht sind.

Dabei könnte uns schon der bewusste Blick auf kleine Kinder zeigen, dass das Leben voller Möglichkeiten steckt und Spaß machen kann. Sie erschaffen sich spielerisch eine Welt voller Freude und Lachen. Sie sind völlig zeitlos und verwirklichen sich in der Aufmerksamkeit des Jetzt.

Wir hingegen neigen dazu, uns immer wieder eine feststehende Welt zu erschaffen, bewegen uns in starren Prinzipien, getrennt in gut und schlecht, annehmbar und unannehmbar, schwarz oder weiß. Wir gestalten in unserem Kopf ein Programm von Vorurteilen. Vorurteile, die uns die Wirklichkeit nicht mehr sehen lassen. Wir teilen ein in Feind oder Freund, in schön oder hässlich.

Es ist ganz egal, ob wir uns oder andere beurteilen, wir hindern uns dadurch, die Schönheit in unserem Inneren zu finden. Wir programmieren und lassen uns programmieren. Mit Programmen, die uns die Sichtweise auf die Wirklichkeit verwehren.

So wandern wir von einer Enttäuschung zur anderen. Wir sind wie Marionetten, die voller Probleme durchs Leben laufen, weil wir eine Persönlichkeit sein wollen, die bewundert und anerkannt sein will von anderen. So rennen wir von einem zum anderen, höher, schneller, weiter, und das einst lodernde Feuer in uns beginnt langsam auszubrennen und führt zu dem, was wir heute als ›Burn Out‹ bezeichnen.

Doch was passiert, wenn wir keine Anerkennung mehr von außen brauchen?

Wir würden erkennen, dass die meisten unserer Geschichten lediglich Projektionen sind, die nur in unserem Kopf entstanden sind, nicht in der Wirklichkeit. Wir würden sehen können, dass ein und dasselbe sowohl hässlich als auch schön sein kann, angenehm wie unangenehm, je nach Perspektive. Dieses bewusste Schauen in die Wirklichkeit würde all unsere Erwartungen, Wünsche und Urteile sichtbar machen.

Wir übernähmen die Verantwortung dafür und schöben sie nicht mehr anderen zu. Wir durchschauten unser eigenes Spiel. Wir würden sehen, dass all unsere Gedanken und Urteile wie ein Projektor sind, durch den wir unser Leben betrachten.

Ohne be- und verurteilende Gedanken über alles und jedes hörten wir auf, uns über Dinge aufzuregen, die nur Projektionen sind. Wir würden Situationen entgiften, weil wir die Wirklichkeit sähen. All das, was wir in uns unterdrückt und mit einem Verbotsschild versehen haben, würden wir befreien. Wir würden beginnen, Neues zu entdecken und zu erforschen und unser Lebensfeuer würde wieder anfangen zu brennen.

Was würde passieren, wenn wir anfingen, uns in unserem Sein und Tun selbst anzuerkennen und zu lieben?

Wir würden entdecken, dass die Anerkennung und Würdigung der eigenen Individualität keinerlei Bestätigung von außen bedarf.

Wenn wir jetzt Lob und Anerkennung bekommen, können wir sie voller Freude entgegennehmen. Wir sind aber nicht mehr abhängig davon, weil wir wissen, was wir sind: Einzigartig und im tiefsten Inneren bewusst. Diese Bewusstheit kann das Dunkel von Mustern und Konditionierungen, das uns gefangen hält, durchdringen und in Licht verwandeln.

Diese neue Erfahrung kann uns den Weg zeigen, immer mehr aus diesem Bewusstsein heraus zu handeln. Alles wird dann einfach, schön und richtig und bedarf keinerlei Anstrengung.

Hellwach und voller Leichtigkeit begehen wir nun das Leben, jeder auf seine Art und Weise. Wir kopieren nichts mehr, sondern leben und lieben unser Selbst. So schenken wir der Welt unsere Individualität und die Frucht, die sie hervorbringt.

Wir sind nicht länger eine durch Konditionierung geprägte Persönlichkeit, sondern zu einer Person geworden, die individuell handelt, flexibel und beweglich. Eine Individualität, dessen Bewusstsein auf dem Urgrund von Liebe ruht. Entspannt und gelassen, egal wo wir sind oder wohin wir gehen.

Wir sind nicht mehr Meister über andere, auch nicht andere über uns, sondern sind Meister über uns selbst, ein Meister, der sich in jeder Situation, in jedem Augenblick seiner selbst bewusst ist. Er begeht die Dinge, wie sie sich zeigen, will nichts verändern, was bereits schon ist. Er geht und handelt in und mit den Dingen, ohne sich dabei zu verlieren.

Kurz, wir transformieren uns.

Die Knechtschaft, die durch den Verstand erschaffen wurde, löst sich auf. Wir werden Herr unseres eigenen Schicksals. Gehen in die Bereitschaft, sanft und empfänglich zu werden, die eine unbeschreibliche Freude in uns auslöst. Eine Freude, für die es keine Worte gibt. Sie schenkt uns den Mut zum Leben und den Mut, uns zu verwirklichen.

Lassen wir unser Herz sprechen, führt es uns zu einer Sichtweise, die bewusst die Dinge betrachtet. Es erkennt die Enttäuschung in der Dunkelheit und durchleuchtet sie. Es ist also das Ende einer Täuschung. Das Herz hört, fühlt und sieht nun die Gegebenheiten aus der Einfachheit des Seins heraus.

Eine Einfachheit, die auch bereit ist, alles zu verlieren, um sich selber zu finden. Eine Einfachheit, die den eigenen Pulsschlag des Herzens kennt. Den Pulsschlag, der in allem und jedem wohnt.

Pulsieren wir individuell mit den Gegebenheiten, bewegen wir uns im Kommen und Gehen, dessen Mitte wir sind. Wir akzeptieren die Vergänglichkeit und gebären uns in jedem Moment neu in den Ist- Zustand.

Wir agieren und reagieren auf die Gegebenheiten, ohne Anhaftung an die Vergangenheit. Wir sind bei uns und kommen immer wieder zurück in das Bewusstsein dessen, was ist, losgelöst von der Gefangenschaft der unbewussten Muster. Wir fangen an, all die Dinge zu befreien, die wir unterdrückt und mit einem Verbotsschild versehen hatten, sowie all das, von dem wir glaubten, es unbedingt erfüllen zu müssen.

Stattdessen wenden wir uns immer mehr uns selbst zu. Sogar Alleinsein wird dann zur Freude, weil wir uns selbst ein Licht sind. Immer wieder führt uns dieses Licht durch Dunkelheiten, die keines Führers mehr im Außen bedürfen. Es ist der Weg ins Alleinsein, im Sinne von All-Eins-Sein, dass voller Liebe ist und in der es keine Trennung mehr gibt zwischen mir und dir.

Unsere Individualität ist so weit und klar geworden wie der wolkenlose Himmel und so tief wie das Meer. In uns brennen dann Funken der Lebendigkeit. Funken, die in der Gemeinschaft zu einem Feuer werden, dass all unsere Masken verbrennt und uns gegenseitig wärmt.

Jeder nimmt mit seinen Funken, seiner Selbstliebe teil am großen Ganzen. Das große Ganze, stehend auf dem Urgrund von Liebe. Liebe, der Gegenpol von Angst, manifestiert sich in vielen Formen, dessen Inhalt höchst unterschiedlich ist, eben individuell.

Wenn wir das verstehen, bekommen wir als Belohnung vom Leben, uns kraftvoll zu fühlen und verwurzelt. Verbunden mit allem und jedem, verankert in den Wurzeln unseres Seins. Dann haben wir Kraft und Liebe verbunden, individuell und ganz persönlich. Dann sind wir ein Licht, das jede Dunkelheit durchbricht.

Wir müssen Fehler machen,
um durch Sie uns kennen zu lernen.
Fehler sind Boten, die uns zum Wachstum auffordern.
Bereit, sich mit dem Wachstum bewegen zu wollen,
erhalten wir ständig Geschenke vom Leben.
Lasst uns diesen Fehlern einen Himmel von Zuneigung und Annahme schenken,
sie in Kraft und Liebe baden,
individuell und ganz persönlich.

Dualität,
der Tanz der Gegensätze

Ich bin mein Himmel und meine Hölle
(Friedrich Schiller)

Dualität lehrt uns, die Einheit hinter den Gegensätzen zu erfassen. Sie lässt uns die Wahrheit durchdringen, die es uns möglich macht, zu erkennen, wie alles miteinander verbunden ist.

Natürlich, in der Welt, in der wir leben, müssen wir, um zu überleben, unterscheiden zwischen diesem und jenem, nur sollte uns dabei klar sein, dass alle Urteile nur temporär und subjektiv sind.

Es ist unser individueller Verstand, der unterscheidet zwischen Mir und Dir, in Wirklichkeit aber sind wir ebenso Du wie Ich. Auf der tiefsten Ebene gibt es keinen Unterschied.

Aber sobald wir urteilen, trennen wir. Teilen ein in reich oder arm, groß oder klein, positiv und negativ. Das Eine wollend, das Andere ablehnend. Begegnen dem einen als Freund, dem anderen als Feind. Dabei lehrt uns die Erfahrung, aus so manchem Freund wurde ein Feind und umgekehrt. Wie viele Liebesschwüre haben sich nicht in Luft aufgelöst und in Hass oder sogar Schlimmeres verwandelt.

Es ist eine Tatsache, was es auch sei, immer haben wir potenziell beide Seiten in uns. Zwei Seiten einer Medaille, die uns einmal zum Opfer und das andere Mal zum Täter macht. Schlagen wir als Täter zu, können Kleinheitsgefühle im anderen aufsteigen, zeigen wir uns als Opfer, steigen Machtgefühl und Größe im anderen auf.

Wie der Volksmund schon sagt: «Des einen Leid ist des anderen Freud».

Genau das ist Dualität.

Alles braucht, um überhaupt erkannt werden zu können, sein Gegenteil. Dabei ist nichts absolut und fest zementiert, wie es uns der Verstand und sein Sprachrohr, das Ego, vormachen. Immer kommt es auf den jeweiligen Standpunkt oder die Grundstimmung an, wie es uns erscheint.

Wenn zum Beispiel jemand an der Börse Geld verloren hat, heißt es: «Das Geld ist nicht weg, es hat nur ein anderer.»

Es kann keinen Gewinn geben, ohne einen entsprechenden Verlust. Freue ich mich über gewonnenes Geld, ist jemand anderes traurig oder verzweifelt, über das, was er verloren hat.

Wir sehen, es ist ein permanentes Pendeln von einem Pol zum anderen und wieder zurück.

Wenn wir das verinnerlichen, kann uns nichts mehr in so tiefe Verzweiflung stürzen, dass wir glauben, nie wieder glücklich sein zu können

Aber leider versuchen wir, an unseren Urteilen und Sichtweisen festzuhalten und erschweren so den Wandel, der aber dennoch kommen wird.

Gefühle wie Scham, Kleinheit, Wut, Angst, Zorn und vieles mehr wollen wir vermeiden; schön, wunderbar, perfekt, vollkommen, intelligent und was es sonst noch alles in dieser Richtung gibt, wollen wir unbedingt sein. Wir, die wir nur dem als angenehm empfundenen in die Augen schauen wollen, würden am liebsten alles andere in eine fest verschlossene Schatulle stecken. Nur die so genannten tugendhaften Eigenschaften sollen ans Tageslicht.

Wir trennen die Dinge voneinander, vergessen aber ihre ursprüngliche Einheit. Das hat zur Folge, dass auch wir uns getrennt fühlen. Wir haben vergessen, was wir wirklich sind: Liebe!

Und so werden wir zu Kämpfern, strengen uns an, lügen uns in die eigene Tasche und den anderen ins Gesicht, sind ewig Suchende nach dauerhaftem Glück und der so genannten wahren Liebe.

Aber weil wir die falschen Mittel anwenden, haben wir keinen Erfolg. Frustriert geben wir auf, werden dick und faul und fallen in einen Dämmerschlaf, statt das Leben zu genießen.

Erweiterten wir unsere Sichtweise, würde uns ein Licht aufgehen, dass nämlich alles zusammen gehört und sich gegenseitig bedingt. Wir würden erkennen, dass wir nur gut sein können, weil es auch das Böse gibt. Wir können sowohl verletzend als auch aufbauend sein und liebevoll, weil es uns auch möglich ist, hartherzig und verurteilend zu sein.

Alles bekommt erst durch sein Gegenteil Sinn und Be-
deutung. Gäben wir dem Guten wie dem Bösen einen
Platz in unserem Herzen, würden wir sehen, wie das eine
zum anderen gehört und sie sich gegenseitig umarmen.
Wiegend in ihrer Bedingtheit, friedlich vereint.
Sicher kennen die meisten von uns das asiatische Symbol
für Yin und Yang, für das weibliche und das männliche
Prinzip. Für mich das klarste Bild für das hier Gesagte.
Alles ist im jeweils anderen enthalten.
Nichts muss dann mehr verneint oder bekämpft werden,
weil jedes eine Anerkennung in uns bekommt und wir so
Frieden finden.

Um den Nektar der Süße zu genießen
musste ich erst ein Stück Bitternis kosten.

Um Freude anzunehmen
musste ich erst in Leid baden.

Um die Liebe zu umarmen
musste ich erst meine Ängste anschauen.

Um die Klarheit zu erkennen
musste ich erst im Nebel suchen.

Um vorwärts zu gehen
musste ich rückwärts zu gehen üben.

Um die Wahrheit zu entdecken
musste ich die Lüge kennen lernen.

Um meine Gesundheit zu schätzen
musste ich die Krankheit erfahren.

Um achtsam zu werden
musste ich über Unachtsamkeit stolpern.

Um anzunehmen, was ist
musste ich erst in die Ablehnung gehen.

Was mich die Dualität gelehrt hat
ist Annahme, Hingabe und Dankbarkeit.

Das Ego,
Herrscher oder Diener?

*Das Ego ist der Ich-Gedanke,
das wahre Ich ist das Selbst
(Ramana Maharshi)*

Man muss das Ego nicht ablehnen oder gar verleugnen. Es ist nur eine Erscheinung, ein Label, das zu einer Gruppe von Teilen gehört. Es hat keine aus sich selbst heraus bestehende Existenz, genauso wenig wie Hände, Füße, Kopf, Organe eigenständig, aus sich selbst heraus existieren können.

Das Ego ist nur ein Diener, der uns hilft, unsere Umwelt und die Objekte darin zu definieren. Und das Ego gibt uns das so genannte Ich-Gefühl in unserer bedingten Natur als Mensch. Es erinnert an lebenserhaltende Dinge wie Essen, Schlafen, an alles, was der Gesunderhaltung unseres Körpers dient.

Es hat aber auch eine schöpferische Funktion. Es bringt uns dazu, Dinge zu erkennen, etwas zu lernen oder auch neu zu entdecken. So kommen wir zu einem Beruf und manchmal auch zu unserer Berufung.

All das kann uns helfen, dieses Erdendasein sinnvoll zu begehen. Als Diener hat das Ego also die wertvolle Aufgabe als Instrument, Objekte und uns selbst als Ich wahrzunehmen.

Dabei ist es genauso wenig stofflich wie Gedanken, Gefühle und Emotionen es sind.

Aber auch wenn wir das intellektuell verstehen, handeln wir emotional oftmals anders. Wir reagieren dann auf Umstände, als wäre dieses «unser Ich» etwas Festes, Dauerhaftes und getrennt von allem anderen und geben damit dem Ego Macht in vielen Lebenslagen.

Wir klammern uns an die Welt der Objekte, weil das Ego uns einflüstert, Glück sei nur im Außen zu finden. Es lässt uns glauben, auch unsere Gefühle seien von äußeren Umständen abhängig. So greifen wir nach den Dingen, versuchen vergeblich, sie festzuhalten oder aber sie loszuwerden, wenn das Ego sie nicht will.

Dadurch beginnt der Geist, die Dinge zu unterscheiden, voneinander zu trennen und mit Bezeichnungen zu versehen. Bezeichnungen wie: «Das mag ich, das mag ich nicht. Das ist schön, das ist nicht schön, mein und dein.» So entsteht in unserem Leben begehrliches oder ablehnendes Anhaften.

Viele Menschen suchen ihr Glück vornehmlich in der Veränderung der äußeren Welt. Haben sie dann ihr Ziel erreicht, überfällt sie die Angst, das Erreichte wieder zu verlieren. Doch eines ist sicher: Das Leben ist Wandel und Veränderung. Jede noch so große Errungenschaft kommt und geht.

Jedoch die Sehnsucht nach Dingen, die wir nicht haben, aber glauben, haben zu müssen, wird zur ewigen Suche. Dieses andauernde Hin und Her zwischen haben und nicht haben wollen führt zu einer Angespanntheit, aus der heraus wir Kummer, Angst und Hoffnung entwickeln. Die Natur unseres Geistes ist dann verdeckt von dunklen Gewitterwolken, dessen Licht dahinter verborgen bleibt.

Dabei ist es nur ein hauchdünner Vorhang, der die Wirklichkeit von der Fantasie trennt.

Doch unser kleiner Kobold, das Ego, bestätigt mit Leidenschaft immer wieder unsere falsche Vorstellung von der Realität und die sich daraus entwickelnden Gefühle. Es pflanzt immer neue Geschichten, wie es sein sollte oder könnte, in uns ein, die so zu fixen Glaubenssätzen werden können und uns unendlich viel Energie rauben.

So missbraucht das Ego den Geist. Dabei bedient es sich leiser wie lauter Strategien und denkt sich immer wieder neue aus, wie zum Beispiel: « ich kann nur glücklich sein, wenn … »

Oftmals beginnt alles mit scheinbar ganz harmlosen Gedanken, wie zum Beispiel «Ich finde Frau Soundso schrecklich – ich kann sie einfach nicht ertragen, unverantwortlich, wie sie sich verhält, wenn sie das nicht ändert, muss ich entsprechende Maßnahmen treffen. Auf keinen Fall darf das so bleiben, wie es ist.»

«Richtig, weiter so! Das ist wirklich unerhört, usw. usw.» plustert sich das Ego auf und freut sich, weil wir nicht hinschauen, wie die Situation wirklich ist.

Natürlich haben wir das Recht, etwas zu verändern, was uns nicht gefällt. Aber zunächst sollten wir unsere eigene Sicht- und Verhaltensweise überprüfen und ggf. verändern, bevor wir andere für unsere schlechte Laune verantwortlich machen.

Was für den einen gut und richtig ist, muss es noch lange nicht für den anderen sein. Der eine mag weiße Wände, der andere lieber bunte Tapeten.

Immer dann, wenn ich meine Sichtweise, meine Vorlieben, für das Maß aller Dinge halte und erwarte, dass der andere genauso empfindet, ist das ein sicheres Zeichen dafür, dass das Ego seine Macht ausspielt und uns einflüstert, dieses oder jenes müsse exakt so sein und nicht anders.

Das heißt natürlich nicht, dass man Situationen, Dinge oder auch andere Menschen nicht beeinflussen und vielleicht sogar Grenzen setzen darf. Aber dann bitte ohne Druck, ohne Kampf und ohne Besserwisserei.

Spüren wir doch einfach mal dem Unterschied nach, wenn ich sage, «Ich möchte etwas verändern», oder aber «Ich muss etwas ändern».

Es ist allemal besser und auch gesünder, gelassen und entspannt zu bleiben, als dem Ruf des Egos zu folgen, das uns permanent antreibt mit seinem «Du musst, du musst, du musst…»

Handeln wir immer wieder aus dem ›Müssen‹ heraus, werden wir schwerlich froh werden in einem Leben voller selbstgeschaffenem Druck.

So entsteht das Anklammern an die Dinge. Wir spüren zwar die Auswirkungen, doch es fällt uns schwer, seine Ursache zu sehen. Meinungen werden so manifest und

entwickeln sich zu Mustern und festgefahrenen Überzeugungen.

Die so immer stärker werdende Macht des Egos führt zu
der Vorstellung einer Ich-Identität, die lauten könnte:
«ICH habe ein Problem, ICH bin wütend, ICH bin einsam».

Wir alle kennen Sätze wie «Immer nur ich hab Pech,
keiner versteht mich, keiner hört mir zu, wenn ich erst
mal dieses und jenes habe, geht es mir gut, wenn mein
Partner dieses oder jenes anders machen würde, dann
hätten wir ein schönes Leben…»

Wir fügen uns durch diese Gedanken, dessen sich das
Ego bedient, selbst Schmerzen zu und merken es nicht
einmal. Gedanken, die wir wie eine Mauer vor uns aufstellen und die uns trennt von der Wirklichkeit. Wir bleiben überzeugt von unseren Meinungen, die sich festge-
backen haben wie Lehm zwischen Ziegeln.

Obwohl wir Menschen normalerweise sowohl physisch
als auch psychisch relativ stabil sind und so manches
ertragen können, machen wir uns durch solch eine
Denkweise das Leben unnötig schwer.

Aber das Ego ist auch groß darin, nicht nur uns selbst,
sondern auch andere zu manipulieren. Manchmal geben
wir dann anderen etwas in der Hoffnung, dafür einen
Gewinn, eine Gegenleistung zu erhalten. Wobei oftmals
der Gewinn oder eben die Gegenleistung der eigentliche
Grund ist, warum wir die Anstrengung überhaupt auf
uns nehmen. Erreichen wir durch diese manipulierenden
Handlungen jedoch nicht das erhoffte Ziel, produziert

das Ego Gefühle von Wut bis hin zum Hass. Ein Schwall von be- und verurteilenden Gedanken oder auch verletzenden Worten sind dann oft das nicht sehr hilfreiche Resultat. Was bleibt, ist purer Stress.

Entstanden ist all das aus dem Schmerz, dass wir nicht bekommen haben, was wir wollten. Aber die damit verbundenen Kleinheitsgefühle und die Hilflosigkeit dürfen um keinen Preis an die Oberfläche dringen. Obwohl sie da sind, hilft das Ego nach Kräften, sie zu verdrängen, weil wir sonst eine vermeintliche Niederlage eingestehen müssten.

Doch der empfundene Schmerz bleibt ja bestehen und so entwickelt sich ein immer tiefer gefühlter Mangelzustand und eine immer solidere Manifestation der geglaubten Wirklichkeit.

Gedanken, Worte und Gefühle drehen sich im Kreis, finden keinen Anfang, keine Mitte und auch kein Ende. Aber wir bemerken es nicht, weil uns das Ego eine Schlafmaske aufgesetzt hat. Wir nehmen Platz in einem Karussell, das sich dreht, immer höher und immer schneller.

Wir klagen an, reagieren beleidigt, vermischen Geschichten und verdrehen die Wahrheit bis zur Unkenntlichkeit. So entstehen immer neue Storys, der Fantasie entsprungen, um die verloren geglaubte Anerkennung zurückzuholen.

Die Wirklichkeit ist darüber hinaus längst in Vergessenheit geraten und in die Vergangenheit abgetaucht, farblos wie ein verwaschenes Aquarell.

Das tragische daran ist, wir glauben oftmals unzensiert alles, was uns das Ego souffliert. Wir erkennen dann einfach nicht das illusionäre daran. Eine Illusion ist es deshalb, weil das Ego die Erscheinungen als aus sich selbst heraus entstanden, dauerhaft und unabhängig betrachtet, was sie definitiv nicht sind.

Solange wir uns im Nebel dieser Illusion befinden, kann das Ego seine Machtposition als Herrscher über die Dinge ungeniert ausleben. Es kann das Drama mit immer noch mehr Details dekorieren. Und je mehr Dekoration, umso interessanter sind die Geschichten, die dann bedauernd, bewundernd oder auch verletzend von anderen entgegengenommen werden, weil natürlich auch bei ihnen sich das Ego erhebt. Egal wie, das Ego nutzt jede Gelegenheit, seine Krone von uns auf Hochglanz polieren zu lassen.

Es kann aber auch passieren, dass wir den Weg des Angepasst seins einschlagen und uns in Schubladen, wie wir sein sollten, schieben lassen. So kommen wir schwankend zu der Überzeugung, dass die Beurteilungen anderer vielleicht doch richtig sind.

Sofort bestärkt uns dann das Ego in der Hoffnung, vielleicht auf diese Weise endlich die ersehnte Liebe und Anerkennung zu finden. Sorgsam achten wir jetzt auf jedes Lob von anderen, dass uns ein Gefühl von Aufwertung verleihen könnte.

Wir verbiegen uns, nach ständiger Aufmerksamkeit suchend, immer darauf bedacht, nur ja liebenswürdig zu sein. Wir richten uns ein in der uns zugeordneten Schublade achtzehn, mit dem gesammelten Inhalt von Überzeugungen, wie wir sind und zu sein haben, sowie den Geschichten, die über uns erzählt werden.

Leider bleiben wir so eingesperrt im Glauben an unsere Geschichten und ausgesperrt von dem, was wir wirklich sind. Nicht wissend um die Möglichkeit, unsere ganzen Überzeugungen und Geschichten zu hinterfragen und so den Panzer um uns herum zu sprengen.

Fragen, die etwa lauten könnten:

«Sind wir eine unendliche Geschichte von Geschichten? Oder sind wir das, was wir in jedem Moment wahrnehmen?

Können wir die Dinge und Situationen annehmen, wie sie gerade sind?

Oder machen wir vielleicht doch eine Märchenstunde daraus, weil es uns an Kapitel zwölf erinnert?»

Warum verlieren wir so viel Energie?

Warum bewegen wir uns einmal in Grandiosität und im nächsten Moment in Hilflosigkeit und sehen nicht, dass die Wirklichkeit irgendwo dazwischen liegt.»

Das Ego will diese Fragen natürlich um jeden Preis vermeiden, weil die Antworten Machtverlust für es bedeuten könnten. Es wehrt sich mit allen Mitteln dagegen, womöglich wieder nur als Diener seinen Platz einnehmen zu müssen.

Raffiniert wie es ist, lenkt es uns also von den Fragen ab und reißt sein Maul auf, wie ein Krokodil auf der Jagd nach Beute, in der Hoffnung, Neues zu finden, das uns wieder in seinen Bann schlägt.

Peinlichst achtet es darauf, dass wir nicht der Wirklichkeit ins Gesicht schauen.

So bleibt uns nur der Wunsch nach Glück, verbunden mit der verzweifelten Suche danach. Aber solange wir dem Ego mehr Glauben schenken, als dem Impuls, der aus unseren Herzen kommt, solange bleiben wir stecken als ewig Suchende, statt uns endlich dem Finden zuzuwenden.

Betrachten wir nochmal das Ego und seine Geschichtenwelt in uns.

Manchmal haben wir Gedächtnislücken, die wie weiße Flecken wirken. Kaum auszuhalten, in so eine Leere zu schauen. (kennt sicher so mancher von uns)

Für das Ego allerdings ist das mehr als willkommen. Denn jetzt kann es die Lücke ausfüllen mit Geschichten, auch Kopf-Kino genannt. Seiner Fantasie sind keine Grenzen gesetzt. Jede Zutat ist ihm recht. Süß, salzig oder sauer, etwas Schärfe beigemischt, um der Sache mehr Pfeffer zu verleihen.

Manchmal lieben wir diese Geschichten geradezu, weil sie uns Aufmerksamkeit zu schenken scheinen und hier und da auch ein Gefühl von Macht. Manchmal allerdings bescheren sie uns aber nur ein jammerndes Kleinheitsgefühl.

So hält uns das Ego als Suchende gefangen in dem Schauspiel, solange wir es nicht schaffen, von der Bühne abzugehen, um tief in uns das zu finden, was wir wirklich sind. So lange verweilen wir hartnäckig in den verschiedenen Darstellungen, ständig einen Applaus erwartend, dessen mögliches Ausbleiben uns Angst macht.

Das Ego liebt natürlich diese Angst, weil sie uns vergessen lässt, die Möglichkeit zu erwägen, in die Tiefe unseres Selbst zu tauchen. Eine Tiefe, die uns die Gelegenheit geben könnte, unsere Gefühle aufzuspüren, um sie nach ihrer Richtigkeit und deren Ursache für sie zu überprüfen. Die Folge davon könnte eine Auflösung der konditionierten Gewohnheiten und Muster sein und uns in die Lage versetzen, auf jede Situation im Leben angemessen zu reagieren.

Ein schönes Bild dazu ist der Bogenschütze. Bevor der Bogenschütze sein Ziel fixiert, zieht er den Pfeil zuerst zu sich, bevor er ihn ins Außen, auf sein Ziel gerichtet, loslässt. Also immer erst zurück zu mir, bevor ich im Außen aktiv werde.

Kommen wir erst mal bei uns an, können wir auch unsere wirklichen Träume, Wünsche und Veranlagungen erkennen, bis in den tiefsten Grund der eigenen Liebesfähigkeit. Aus dem heraus entsteht eine andere Sichtweise. Dann können wir den Reichtum und die Fülle dieser Welt erkennen, von der auch wir ein Teil sind, um unendlich daraus zu schöpfen. Denn wir alle sind Schöpfer, und somit auch Erschaffer unserer Welt.

Haben wir erst unser Herz geöffnet, legt es den Ursprung, das strahlende Licht der Liebe, in uns frei. Ein Licht, das wir alle wieder zum Leuchten bringen können. Dieser Urgrund in uns ist weit und offen, offen für alles, was ist. Dann handeln wir aus dem innersten Grund unserer Natur, der aus Gewahrsein, Mitgefühl, Hingabe und Liebe besteht.

Dann sind wir auch jederzeit in der Lage, die Ursachen unserer Probleme aufzudecken und auch, sie zu beheben. Daraus erwächst Selbstvertrauen, Vertrauen zum Leben, dass keiner Angst mehr bedarf. Wir leben und lassen leben.

«Aber wenn das nur eine schöne Theorie ist? » Das typische Meckern vom Ego, das Angst hat, seine Herrschaft zu verlieren. «Es ist doch viel besser, an dem fest zu halten, was man hat. Besser den Spatzen in der Hand, als die Taube auf dem Dach», versucht es uns einzureden.

Doch genau dieses Denken gilt es, zu durchschneiden. Doch Achtung! Das Ego ist so erfinderisch und einfallsreich, dass wir sein Wirken kaum noch bemerken. Darum bleibt auch so mancher in seinem Drama haften. Dem Ego, dem seine beherrschende Macht gefällt, ist es völlig egal, wie wir uns fühlen, denn das Ego kann weder fühlen, noch lieben, es kann nur greifen. Es will unseren Blick im Außen halten, um Gefühle von Neid, Ohnmacht, Opferbewusstsein, Mangelgefühle und den damit verbundenen Energieverlust zu erzeugen, um so seine Macht über uns immer weiter zu festigen.

Besser, wir lassen das Ego meckern solange es will, ohne darauf zu reagieren, bis es, wenn auch zähneknirschend, wieder zurückfindet zu seiner eigentlichen Aufgabe, der eines Dieners. Dann haben wir auch immer genügend Energie aus und in Liebe unser Dasein zu erschaffen.

Der Spiegel des Lebens, das Tor zum Selbst

*Ich möchte mich erkennen
im Spiegel des Lebens, um frei zu sein
von den selbstauferlegten Zwängen,
die mich wie Mauern umgeben*

Wir alle schauen, mehr oder weniger oft, in einen Spiegel, damit er uns widerspiegelt. Dabei gibt er keinerlei Beurteilungen ab über das, was er da reflektiert. Ob wir runterhängende Mundwinkel zeigen oder ein Lächeln, er gibt es uns genauso zurück. Setzen wir eine Maske auf, zeigt er uns die Maske. Nur wir, die wir hinein schauen, beurteilen und lösen damit viele Gedanken und Gefühle in uns aus.

Alles im Leben, das eine Reaktion in uns auslöst, sowohl im Positiven, als auch im Negativen, will uns etwas zeigen. Ob es die Menschen um uns herum sind, Eltern, Kinder, Partner, Freunde oder Feinde, sogar Mutter Erde in ihrer Weisheit, sie alle halten uns den Spiegel vor, damit wir erkennen können, wer wir sind und was wir sind.

Bewundern wir das Schöne, zeigt es unsere innewohnende Schönheit, fühlen wir uns dagegen gekränkt, verletzt oder nicht anerkannt, zeigt uns das Leben genau die Anteile in uns, die nach Annahme und Heilung rufen.

Wenn zum Beispiel ein Kind wütend ist, reagieren Eltern oft mit Unverständnis oder sogar mit Entsetzen darauf.

Warum? Wahrscheinlich durften sie selber als Kinder auch nicht wütend sein, wenn sie als brave Kinder ihren Eltern gefallen wollten. Das Kind hat im Prinzip nichts anderes getan, als die Eltern an die verbotene Wut in ihnen selbst zu erinnern, und so reagieren sie nach scheinbar bewährtem Muster. Besser wäre es, bereit zu sein, die Wut, die ja noch immer da ist, anzuschauen und liebevoll anzunehmen.

Aber nicht nur die Wut, alles, was wir als Kinder verdrängt haben, um in dieser Welt scheinbar besser bestehen zu können, ruft danach.

All diese Muster und Verhaltensweisen leben verdeckt in uns weiter. Wir merken inzwischen gar nicht mehr, wie wir aus ihnen heraus handeln. So manipulieren wir und werden manipuliert, suchen Schuldige und werden Schuldige.

Sind wir bereit, uns aufrichtig im Spiegel des Lebens zu betrachten, in all den Dingen und Machtspielchen, den Be-und Verurteilungen, die nichts als Leid hervorrufen, schenkt uns das die Möglichkeit, uns selbst zu reflektieren und alles genau so anzunehmen, wie es sich gerade zeigt. Eine solche Annahme kann das Angenommene in sich selber auflösen und so zur Heilung in uns werden.

Der Spiegel des Lebens führt uns aber auch unsere Verbundenheit mit allem und allen vor Augen. Alles trägt die gleiche innewohnende Essenz, Natur und Lichtigkeit in sich. Die einen nennen es Göttlichkeit, die anderen Buddha Natur, die nächsten das Höhere Selbst. Überall können wir diese Energie oder auch Lebenskraft in ihrem

Wirken sehen und wir können sicher sein, dass auch wir Teil von ihr sind.

Die Bereitschaft, in den Spiegel, den das Leben uns zeigt, zu schauen, öffnet Wege zu uns selbst und weitet den Blick für unsere wahre Natur.

Sie macht es möglich, Glaubenssätzen, Überzeugungen und Bewertungen auf die Spur zu kommen, die unser Leben beeinflussen. Dann beginnen wir zu verstehen, was in uns vorgeht.

Daraus entsteht eine Annahme, die zu immer größerer Bewusstheit führt. Bewusstheit, aus der heraus wir Mitgefühl entwickeln, das aus der Liebe in unserem Herzen aufsteigt. Eine Liebe, die bereit ist, zu bejahen, was ist. Eine Liebe, die ungeahnte Aspekte unseres tieferen Selbst reflektiert und uns hilft, zur Ganzheit zu gelangen. Eine Liebe, die auf Freiheit basiert und keinerlei Erwartungen unterworfen ist. Dies führt uns zur universellen Liebe, die weiß, dass alles eins ist.

All die Erfahrungen, die wir im Leben machen, sind dazu da, diese allumfassende Liebe in uns zu entdecken.

Betrachten wir einmal das menschliche Miteinander.

Wir Menschen haben oftmals komische Eigenschaften, nennen wir sie einfach Macken. Wenn wir eine Liste aufstellen würden über Menschen, die uns aufregen, über die wir uns ärgern, Leute, die wir einfach widerlich finden, schenkt uns das eine Gelegenheit, etwas über uns selbst herauszufinden. Solche Menschen, denen wir überall begegnen können, berühren immer genau den

Punkt, an dem wir total festgefahren sind und der geheilt werden möchte.

Nehmen wir einmal an, wir begegnen jemand, der mächtig angibt und besserwisserisch sich ständig hervorhebt. Unser Adrenalinspiegel steigt und wir finden sein Verhalten mehr als störend. Wir be- und verurteilen die Situation mit herabwürdigenden Worten, die allerdings noch mehr Ärger in uns auslösen. Der Fokus unseres beurteilenden Geistes ruht nur noch auf dieser Situation. Fort ist jede Gelassenheit, den Platz nehmen jetzt die um unschöne Gefühle kreisenden Gedanken ein.

Wir werden beherrscht von der Vorstellung, unbedingt aufzeigen zu müssen, wie man sich eigentlich zu verhalten hat und suchen gleichzeitig nach Bestätigung dafür bei anderen. «Was glaubt diese Person eigentlich, wer sie ist, wieso behandelt sie mich so herablassend, die hält mich wohl für dumm», so oder so ähnlich könnte unser innerer Dialog lauten. Bums, schon sind wir in die Falle geraten.

Wenn wir jetzt achtsam wären, bereit, zu fühlen, was wirklich in uns vorgeht, könnten wir erkennen und nachspüren, wie oft wir uns selber für dumm halten und entsprechend abwerten. Wir würden erkennen, dass unser Ärger auch Neid sein kann, geboren aus einem mangelnden Selbstwertgefühl. Unser sich über andere erhebendes Urteil jedoch ist dann nichts anderes, als der Versuch, unsere selbst geglaubten Mängel zu überdecken. In so einem Moment haben wir den Spiegel beiseite gestellt, anstatt hineinzuschauen. So bleibt es dabei, dass wir uns weiter innerlich abwerten und es sich womöglich noch tiefer in uns eingräbt.

Die Bereitschaft jedoch, tatsächlich den Blick in den Spiegel zu wagen, ließe uns wahrnehmen, was wirklich in uns vorgeht. Wir könnten voller Mitgefühl eintauchen in uns selbst, so dass dieser Moment zu einem heilenden werden kann. Heilend, weil wir den gefühlten Mangel in uns entdecken, ihn bejahend annehmen und somit verwandeln.

Wir würden aufstöbern, was wir im tiefsten Keller in uns vergraben haben. Wir könnten dadurch zu der Überzeugung gelangen, dass wir wunderbare Menschen sind, und, Achtung, immer schon waren. Bereit, unser Wissen um die wahre Natur von allem immer mehr zu erweitern, so dass eine immer umfassendere Weisheit in uns aufsteigen kann, die tief in uns verborgen liegt und darauf wartet, erweckt zu werden.

Innerlich schmunzelnd, würden wir dann eine Situation wie die oben geschilderte wahrnehmen, gleichzeitig würde unser mitfühlendes Herz sehen, das der Andere wahrscheinlich auch aus einem Mangeldenken heraus so handelt, wie er handelt.

Plötzlich, es scheint wie ein Wunder, sind wir versöhnt mit der Situation, so wie sie ist, weil Mitgefühl und Liebe begonnen haben, in uns zu wirken. Ohne Adrenalinkick und schlechter Laune. Jetzt können wir uns würdigend vor dem Anderen verneigen, weil er uns als Lehrmeister gedient hat.

Wir waren bereit, uns durch den Anderen in der entsprechenden Situation zu erfahren. Wir waren bereit, unsere eigene Negativität, Verurteilung und Einseitigkeit zu entschlüsseln und haben uns so selbst anerkannt.

Selbstanerkennung ist Liebe zu sich selbst, zur eigenen Einmaligkeit. Wer seine Einmaligkeit liebt, der liebt auch die Einmaligkeit der Anderen. Der ist auch bereit, im Spiegel des Lebens zu erkennen, dass alle Situationen uns auf den Weg zur Heilung führen können.

Das bedeutet auch, dass, wenn wir Schicksalsschläge erleiden, wir auf diese Art und Weise lernen können, uns selbst zu finden. Alles ist eine Reflexion der geistigen Welt.

Viele Beispiele könnte man aufzeigen, für die kein Buch ausreichen würde. Wichtig ist, zu verstehen, dass alles, was in uns eine heftige Reaktion auslöst, etwas in uns ist, das geheilt werden möchte. Ein Spiegel, der uns genau dazu auffordert.

Dann kann man sich auch in die Lage des anderen versetzen und verstehen, warum er so handelt, wie er handelt. Was nicht bedeutet, dass wir anderen keine Grenze setzen dürfen, wenn sie uns augenscheinlich verletzen oder abwertend behandeln.

Sind wir im Gleichgewicht, ruhend in unserem Selbst und ohne aufsteigende negative Gedanken, können wir mit liebendem Herzen das Schauspiel interessiert verfolgen und nötige Grenzen setzen, ohne uns dabei zu verlieren.

Wenn Ängste uns im Griff haben, ist das Abwesenheit von Vertrauen. Vertrauen ins Leben. Suchen wir krampfhaft nach Sicherheit, finden wir keinen Frieden in uns. Wer nach Liebe sucht, hat vergessen, dass er selbst Liebe ist. Wer sich an die Vorstellung klammert, dass alles so sein muss, wie er es will, wird immer wieder die Enttäuschung erleben, dass es ist, wie es ist. Wer damit beschäftigt ist, andere ändern zu wollen, weiß nicht, dass er damit bei sich selber anfangen darf.

Bei sich anzufangen bedeutet allerdings, bereit zu sein, den Mut aufzubringen, tief in sich zu schauen, um die erlernten Muster und Konditionierung, sei es durch einen Verlust, eine unglückliche Kindheit oder andere schwierige Lebenssituationen, aufzustöbern. Sie aus dem Unbewussten ins Bewusste heben zu wollen. Das öffnet uns ein Tor zur Freiheit, voller Liebe und Mitgefühl.

Wir müssen nur innehalten, bereit sein, die Augen für das Wesentliche zu öffnen, dann können wir in so manchen Situationen Spiegelungen erkennen, die uns helfen, den Weg zu uns zurück zu finden.

Nicht nur Menschen allein, alles was auf dieser Erde ist, zeigt uns, welches Potenzial in uns erweckt werden will und damit den Weg zum wahren Sein.

Betrachten wir nur einmal die Eigenschaften vom Meer.

Das Meer dehnt sich aus in Raum und Weite. Es hat Tiefe und unendlich viel Leben darin. Viele Tropfen, die ein großes Ganzes bilden. Das Meer lässt sich bewegen vom Wind, sprudelnd und freudig tanzend, bis die

Gischt am Ufer die Felsen emporspringt. Wellen türmen sich auf, um wieder in die Tiefe des Tals zu stürzen.

Aber das Meer kennt auch die Stille und Sanftheit. Jedoch ist es immer kraftvoll, sich selber treu, seine innewohnende Natur lebend.

So kann auch das Meer ein Spiegel sein, der uns auffordert, Raum zu geben und geschehen zu lassen. Wenn wir uns mit und in den Dingen bewegen, können wir die sprudelnde Energie entdecken, die Freude in uns erweckt und zum Tanz des Lebens wird.

In der Stille unserer Sanftheit erleben wir, wie es ist, im Sein oder dem Ich-Bin-Gewahrsein zu ruhen. Wir können in unsere Tiefe tauchen, staunend, was es da zu finden gibt: Licht und die in uns wohnende Göttlichkeit.

Alles dient uns als Spiegel zur Erkenntnis. Ob es der Vogel ist, der aus einer anderen Perspektive über die Dinge schaut, ein Baum, fest verwurzelt im Boden, jedem Wetter trotzt und mit den Jahreszeiten wächst, Ameisen, die fleißig schleppend sich ein Haus bauen, Bienen, die auf Nahrungssuche ihre Futterquelle bestäuben und dadurch neues Leben bringen. Eine Blume oder ein Grashalm, die sich durch eine Felsspalte empor arbeiten hin zum Licht. Die Raupe, die sich in einen Schmetterling verwandelt. Die Eigenschaften des Faultiers, bis hin zu den Eigenschaften des emsigen Eichhörnchens.

Vieles, von dem wir lernen können, wenn wir achtsam sind, uns offen und weit machen und den Dingen ins Auge schauen. Lauter Wegweiser zu und in uns selbst.

Selbst Unfälle, bis hin zu schweren Krankheiten, von liebloser Behandlung und Missbrauch bis zum Diebstahl, alles das sind Botschafter, die uns den Weg weisen wollen aus dem Schlaf in die Wachheit.

Schauen wir in all die Spiegel, die uns begegnen, können wir viel über uns lernen, vieles bejahen, was wir eben noch abgelehnt haben, oder von dem wir nicht glaubten, dass es in uns ist. Das Schöne und auch das weniger Schöne. Wichtig ist nur, dass wir bereit dazu sind.

Ein Bereitsein, aus Suchenden Findende zu werden. Die Bereitschaft, sich von allem tief im Herzen berühren zu lassen. Die Liebe zu entdecken und unser Licht in die Weite des Himmels scheinen zu lassen. Sich im Leben zu bewegen und sich dabei treu zu bleiben. Uns nicht mehr verbiegen zu lassen, dafür uns zu erlauben, auch mal Fehler machen zu dürfen. Bereit zu sein, nicht nur die Freude spüren zu wollen, sondern auch den Schmerz.

Lasst uns bereit sein, im Spiegel des Lebens zu erkennen, dass jeder einzelne von uns ein Geschenk Gottes ist.

Lasst uns den Spiegel ein Wegweiser sein, um heraus zu finden, woran sich unser Herz erfreut. Lasst uns nach der Wahrheit forschen und uns selber wieder wahrnehmen in unserer Schönheit und Vollkommenheit, die unser aller Geburtsrecht ist.

Schon in den alten Weisheitslehren des Buddhismus finden wir das Bild des Spiegels. Das Universum wird beschrieben als ein wundervolles Gewebe aus Energie, welches alle Dinge im Kosmos miteinander verbindet. Dabei ist jeder Knotenpunkt auch ein Spiegel aller anderen.

Weiter heißt es, in diesem Gewebe gibt es unzählige Juwelen, die alles sichtbar werden lassen, wobei jedes Juwel sich in allen anderen spiegelt. Ein unendlicher Spiegelungsprozess. Dabei ist alles leer von etwas Feststehendem und doch ist alles voll von Möglichkeiten.

Die Kraft der Gedanken oder wenn die Maus den Elefanten trifft

Gedanken sind nichts weiter als Erscheinungen.
Wenn wir sie nicht umklammern,
ziehen sie weiter wie Wolken am Himmel

Denken, denken, denken, eine Lieblingsbeschäftigung von uns Menschen. Fast schon ein Ausdauersport. An die 60.000 Worte sammeln wir täglich an, ohne dass wir es bemerken. Selbst in unseren Träumen hören wir nicht auf, zu denken und wälzen unsere Probleme.

Diese Vielfalt an Gedanken wird immer mehr zu unserer Realität und unsere dadurch ausgelösten Gefühle manifestieren sich oftmals als fest gebackene Meinungen und Überzeugungen.

Immer weniger sind wir so in der Lage, die Welt zu sehen, wie sie wirklich ist. Wir tragen eine Brille der Verblendung. Verblendung deshalb, weil wir glauben, die Dinge seien so, wie unsere Gedanken und die sich daraus erhebenden Gefühle sie beschreiben.

Sie definieren aber lediglich unsere persönliche Realität, niemals jedoch die allem innewohnende Wahrheit.

Weil wir unseren Gedanken gewöhnlich so sehr vertrauen, vergessen wir, ihren Inhalt zu überprüfen. Die sie begleitenden Gefühle werden durch ständige Wiederholung zu Mustern, die ihrerseits wiederum Gedanken und Assoziationsketten auslösen. So schaffen wir uns ein umfangreiches Netzwerk von Be- und Verurteilungen, Meinungen, Glaubenssätzen, verschiedensten Hoffnungen und Ängsten.

Schließlich hat unser Gehirn eine Speicherkapazität viel, viel größer als die eines Computers. Situationen und Stimmungen werden im dazugehörigen Ordner unter der entsprechenden Datei gespeichert, schön nach Alphabet sortiert, um sie bei passender oder eben unpassender Gelegenheit blitzschnell abzurufen.

Hören wir uns doch nur einmal beim morgendlichen Blick in den Spiegel selber zu: «Oh je, heute schaust du wieder aus wie ein chinesischer Knautschhund, das bekommt nicht einmal der Schönheitschirurg in den Griff.» Ein anderer findet seinen Bauch zu dick, der Nächste ist verzweifelt über seine Nase oder findet sich zu alt. Die Liste solcher Urteile über sich selbst ließe sich beliebig fortsetzen, doch ich überlasse es Ihnen, nachzuspüren, wie das in Ihrem Wörterbuch klingt.

Aber ist es nicht so, dass wir uns genauso sehen und fühlen, wie wir uns in Gedanken beurteilt haben?!

Auf jeden Fall ist der Tag gelaufen, das negative Urteil über uns hat sich für diesen Tag eingebrannt und alle gegenteiligen Beteuerungen werden in den Wind geschlagen.

Was aber ist nun die Wahrheit?

In Wahrheit sind wir alle, ohne Ausnahme, wunderbare Wesen, mit dem Potenzial von Liebe zu sich selbst, wie zu allen und allem, was ist.

Aber leider, leider leben wir meistens nicht danach. Von einer Sekunde zu anderen können Gedanken eine positive Sichtweise verändern und schlechte Laune hervorrufen. Gefühle, die nun anfangen, einen Reigen zu tanzen, der sich steigern kann, durchaus bis hin zur Selbstzerstörung. Dramen können so geboren werden, die dem Ego wiederum sein tägliches Futter bieten.

Aber nicht nur unsere Körper, auch unsere Sichtweisen, sind vergänglich. Ein Blick zurück in die verschiedensten Epochen zeigt, wie sehr sich auch das Bild darüber, wie ein schöner Körper zu sein hat, permanent ändert. Schönheitsideale werden geboren und treten wieder ab von der Bühne. Einmal ist es der Putten Engel mit Kurven und Rundungen, dann wieder die halb verhungerte Twiggy-Figur.

Aber selbst zur gleichen Zeit mag der eine dies, der andere das. Wonach sich also recken und strecken? Um Anerkennung zu erreichen? Außerdem, von wem? Wäre es nicht der Überlegung wert, vielleicht sogar einfacher, sich selbst so zu akzeptieren, wie man eben ist?

Mal ehrlich, was würden wir von einer Maus halten, die einen Elefanten erblickt und daraufhin den Wunsch nach seiner Größe hegt? Oder von einem Elefanten, der gerne die Wendigkeit der Maus hätte?

Aber wir können sicher sein, sie haben so ein Mangeldenken nicht. Sie bleiben, was sie sind, und wahrscheinlich sind sie glücklich dabei.

Nur wir Menschen mit unseren vielen Gedanken darüber, wie etwas sein sollte, aber nicht ist, lassen uns in eine Zwangsjacke von negativen Gefühlen stecken. Gedanken, die wie Latten an einem Zaun sind, den wir um uns bauen. Ein Zaun, der uns dann vom Wesentlichen trennt. Trennt von der Möglichkeit, unsere Sichtweise auf die Dinge zu ändern.

Trennt auch von der Frage, «Ist das wirklich so, wie meine Gedanken es beschreiben? Wenn ja, woher kommen sie? »

Aber bleiben wir nicht stehen bei unserem Körper und seinem Aussehen.

Gedanken prägen unseren Blick auf die gesamte Welt, allerdings oftmals einer Welt, wie sie zu sein scheint, nicht wie sie hinter der Fassade wirklich ist. Dabei herrschen Gedanken mit einer Selbstverständlichkeit über uns und unsere Sichtweise wie ein König über sein Volk.

Das ist natürlich bequem und so lassen wir uns treiben von unseren Gedanken und deren Gefühlen in alle möglichen Richtungen, nicht merkend, wie wir sie einweben in einen Teppich von Erfahrungen, dessen Muster sich immer zu wiederholen scheint.

Unsere Gedankenwelt ist so manches Mal beherrscht vom Hunger nach dem, was der Andere hat oder nicht hat, tut oder nicht tut, besser tun bzw. lassen sollte. Aber der Hunger wird auf diese Weise nie gestillt.

Was bleibt sind Gefühle von Wut, Zorn, Gier, Neid, Scham, Minderwertigkeit, Schuld und Trauer, um nur einige davon zu nennen. Natürlich wollen wir all diese Gefühle nicht haben und sie werden vehement als nicht zu uns gehörig verleugnet, anstatt sie zu betrachten.

So kochen sie munter sprudelnd unter dem Deckel weiter. Allerdings müssen wir zwischendurch immer wieder Luft ablassen, sonst drohen sie zu explodieren.

So sitzen wir also, wie der Frosch im Märchen am Brunnenrand, wartend auf den erlösenden Kuss. Ein Kuss, der uns verwandeln soll in den Prinzen oder die Prinzessin der Freiheit.

Aber anders als im Märchen kommt kein Kuss von außen. Wir sind nämlich für uns selbst verantwortlich. Wenn wir die Freiheit finden wollen, sollten wir die Bereitschaft entwickeln, nach innen zu schauen.

Denn ohne, dass wir es bemerken, sind wir nur ein paar Gedanken vom inneren Frieden entfernt. Es sind nicht die Dinge und Situationen selbst, die uns beunruhigen, sondern unsere gedanklichen Vorstellungen davon.

Wären wir bereit, einmal urteilslos unsere Gedanken zu betrachten, könnten wir erkennen, wie oft wir durch die Brille der Gedanken dessen, was wir glauben oder nicht glauben, schauen. Wie wir andere verantwortlich für unsere schlechte Laune machen, obwohl kein Konflikt ohne unsere Teilnahme entsteht.

Wären wir in der Lage und bereit, das Ganze aus dem Blickwinkel eines Beobachters außerhalb von uns zu sehen, würden wir staunen, was da passiert.

Wir zahlen nämlich Gedanken in ein Bankkonto ein, für das wir nonstop Zinsen erhalten. Zinsen in Form von neuen Gedanken. Vor lauter Zinsen, sprich Gedanken, denken wir ständig, selbst wenn wir nicht denken wollen. Wir sind in den Zahnrädern des Denkmechanismus gefangen. Die Bank, auf die wir ständig einzahlen, heißt Konzepte und die Zinsen werden in großen Mengen ausbezahlt. So denken wir jeden Gedanken, der sich regt und durchleben jedes Gefühl, das dabei aufwallt.

Eine ständige Reaktion von Gedanken und Gefühlen. Chaos in unserem Kopf, wie auf den Straßen während der in der Rushhour.

Wenn wir bereit sind, unsere Gedanken und Gefühle einmal genauer zu betrachten, würde uns klar werden, dass wir sie auch in eine andere Richtung lenken oder einfach lassen könnten, was sie sind, ohne uns weiter um sie zu kümmern.

Doch dazu wäre es ratsam, ruhiger zu werden. Meditation und Stille wären geeignete Mittel, um unseren Geist im Gewahrsein dessen, was sich in unseren Gedanken und Gefühlen zeigt, zu erkennen. Darüber mehr im Kapitel ›Meditation‹.

Wenn wir unruhig, nervös oder angespannt sind, ist es ein Hinweis darauf, dass wir ständig beschäftigt sind mit unseren Gedanken. Doch weil wir uns dessen oft nicht bewusst sind, identifizieren wir uns mit ihnen und den daraus entstandenen Geschichten. Diese Geschichten geben unserem Leben scheinbar Bedeutung, die Kehrseite der Medaille ist nur: Sie führen uns total in die Irre.

So verlieren wir definitiv unser inneres Gleichgewicht. Unruhe und Stress finden weit geöffnete Türen vor.

In Wahrheit haben wir jedoch die Wahl, wohin wir uns wenden: Zu Unruhe, Stress und Druck oder zum inneren Frieden und zur Gelassenheit.

Die unbewusste und permanente Beschäftigung mit unseren Gedanken und Gefühlen beeinflusst unser ganzes System, einschließlich der Kanäle und Energien, die sich durch uns bewegen.

Körperliche Befindlichkeiten bis hin zu Krankheiten können dadurch zum Ausbruch kommen. Ausgelöst von Gedanken, denen weder Liebe noch Fürsorge, geschweige denn Akzeptanz, entgegengebracht wurde.

Würden wir aufhören, Situationen anders haben zu wollen, als sie bereits schon sind, wäre das der Beginn einer Freundschaft mit der Realität.

Was hilft es, sich zu wehren gegen etwas, das bereits da ist. Das bedeutet keineswegs, mit allem einverstanden zu sein, es bedeutet nur, dass wir ohne Widerstand betrachten, was passiert und dann adäquat reagieren. Wir haben die Wahl, entweder unbewusst gemäß unseren erlernten Mustern zu handeln oder aber entsprechend der Realität.

Die meisten Menschen allerdings interessieren sich mehr für die Sprache ihrer Gedanken, als für die Sprache des Herzens, die Mitgefühl heißt.

Dabei sind alle Gedanken nur vorübergehende Erscheinungen. So flüchtig wie Wolken am Himmel. Durchdringen wir die Wolken, tut sich die Weite des klaren

Himmels auf, der immer so ist, ob nun Wolken da sind oder nicht.

Genauso wenig können Gedanken unsere innewohnende Gutheit, die sich als Mitgefühl manifestiert, auf Dauer überdecken.

Möchten wir im Leben an der Macht der Gedanken und Gefühle etwas verändern, sollten wir bereit sein, uns sowohl unseren Ängsten zu stellen, als auch den Dingen, die wir hassen oder ablehnen. Wir sollten bereit sein, den Mut aufzubringen, sie genau zu untersuchen, bereit sein, den Ursprung und die Ursache zu erkennen, die ihnen zu Grunde liegt.

Damit ist nicht gemeint, nach Schuldigen zu suchen im Familiensystem oder bei Personen um uns herum.

Nein, es sind die Dinge, die unsere Gedanken als Konstrukt festzementiert haben in Form von Glaubenssätzen, Schwüren, Eiden und Überzeugungen. Gedanken, die wir schon als Kind in uns eingepflanzt haben, weil wir das Gefühl hatten, nur so überleben zu können. Destruktive Gedanken, die wir im Gepäck mit uns herumschleppen und die uns viel Energie kosten, weil wir sie immer und immer wieder leben.

Alles ist eine Verkettung von Ursache und Wirkung.

Ein Anschauen all dieser Gefühle (also die Wirkung), die die Gedanken(die Ursache) in uns geprägt haben, ist der Weg, der uns zurück zu unserer wahren Natur führen kann.

Es ist allerdings nicht sinnvoll, in die schmerzhaften Gefühle der Vergangenheit einzutauchen und darin zu baden und es womöglich als Entschuldigung für heutiges Handeln zu missbrauchen. Es geht lediglich um das Erkennen. Denn alles, was wir erkennen, können wir auch ändern.

Was würde denn passieren, wenn wir uns liebevollen Gedanken zuwenden und sie zur Gewohnheit werden lassen?

Wir würden in uns etwas finden, dass sichtbar nach außen strahlt und an die Göttlichkeit der uns innewohnenden Natur erinnert. Energien, die emporsteigen und die wir an der Freude an allem erkennen können. Eine Freude, die dann da ist, egal, ob wir Kartoffeln schälen, den Müll wegtragen oder aber uns aufeinander beziehen in Achtung und Respekt.

Wir würden aufhören, unserem Kater das Bellen beibringen zu wollen und uns stattdessen am Miauen erfreuen.

Auch Fehler, die wir gemacht haben und natürlich immer wieder machen werden, sollten uns nicht das Gefühl geben, versagt zu haben. Es wäre besser, sie zu akzeptieren und stets zu versuchen, etwas aus ihnen zu lernen. Dann sind sie lediglich Lernfaktoren und können so die Resultate erzeugen, die wir uns wünschen. Unser Leben ist nämlich immer genau das, was wir denken. Im Positiven wie im Negativen. Seien Sie einfach nur offen für alles, was sich in ihrem Geist regt.

Sollten wir wieder einmal schlecht Laune haben und dann offen und bereit sein, unsere Gedanken zu überprüfen, werden wir erkennen, dass ihr Ursprung nur in eben diesen Gedanken liegt. In unserer Sicht der Dinge, in unserem Urteil über das Handeln anderer usw. Ein Gedanke reiht sich an den nächsten und gibt dem Gefühl der schlechten Laune immer neue Nahrung.

Wie ein Auto, das wir immer wieder mit Benzin füllen, damit es fährt und fährt und fährt.

Was aber würde passieren, wenn es kein Benzin mehr hat? Es bliebe stehen. So auch die destruktiven Gedanken, die, wenn wir sie nicht ständig füttern, zur Ruhe kommen.

Es geht also darum, den beständigen Fluss der Gedanken zu durchschneiden. Das funktioniert aber nicht mit Druck, sondern am ehesten, indem wir ihnen Raum geben.

Wie es in Tibet heißt, deine Yaks kontrollierst du dann am besten, wenn du ihnen eine große Weide gibst.

Oder betrachten wir einmal die Geschichte vom Schäfer und seiner Schafherde.

Ein Schäfer (wir) der seine Schafherde (die Gedanken) in einer eng umzäunten Weide hält und der Wachhund (die Gefühle) darauf achtet, dass sie in dieser umzäunten Weide bleiben.

Vor lauter Enge verletzen sie sich und lecken ihre Wunden. Der Schäfer leidet bei diesem Anblick und setzt sich verzweifelt ins Gras. Die Augen, die Sichtweise, tief im Schoß vergraben.

Doch eines Tages erhebt er den Kopf, reibt sich die Augen und blickt auf den Zaun, der ihn und seine Herde eng umschlingt.

Er erhebt sich und reißt Latte für Latte aus der Umzäunung. Seine Herde läuft freudig in die gewonnene Freiheit und erforscht die Weite.

Die Wunden können heilen. Am Abend kommt die Herde gelassen zurück in die Obhut des Schäfers. Bei diesem Anblick verwandelt sich seine Schwermut nun in grenzenlose Freude.

Wenn auch uns nichts mehr einengt, weil die selbsterschaffene Umzäunung nicht mehr da ist, können auch wir zum Kern unserer freudigen lichten Natur vordringen.

Dann erkennen wir, dass wir bereits vollkommen sind, verbunden mit allem und können wahrnehmen, dass wir alles haben, in jedem Moment unseres Lebens. Und das macht unser Herz froh und weit.

Wir verstehen dann, dass wir alle durch unsere Gedanken, Gefühle und den daraus entstehenden Handlungen sowohl Täter als auch Opfer sind und fangen an zu lernen, Botschaften, die uns von außen widergespiegelt werden, zu entschlüsseln. (siehe Spiegelgesetz)

Bereit sein zu erkennen, ist die Medizin zur Heilung in uns.

Erkenne also deine Gedanken, lass sie ziehen wie Wolken am Himmel. Sei Beobachter, der sich nicht auf sie einlässt, sondern Gedanken einfach als Gedanken erkennt.

Glück hängt also nicht von den gegebenen Situationen oder Umständen ab. Glück entsteht aus der Beobachtung und der Transzendenz von Gedanken und Gefühlen.

Wie schon Markus Aurelius sagte: ›Du bist, was Du denkst.‹» Und Buddha fährt fort: «Denke mit einem positiven Geist und Glück wird dir folgen.»

Entscheiden wir uns, in unseren Gedanken und Gefühlen dem wertfrei zu begegnen was ist, stellen wir fest, dass alles nur eine vorübergehende Erscheinung des Geistes ist auf den Wanderwegen unseres Lebens.

Die daraus entstehende Freiheit liegt in der Erkenntnis unserer wahren Natur, dem authentischen Sein in jeder Situation. Dann sind wir in der Lage, uns zu verbinden mit jedem Augenblick, dem Jetzt, dem einzigen Moment, in dem wir wirklich sind.

Es gibt also nichts weiter zu tun, sei lediglich bereit, einfach nur zu sein.

Es wäre gut,
bewusst positive Gedanken zu denken...
Denn was wir immer und immer wieder denken
formt unsere Welt

Von der Freundschaft mit dir selbst

*Nur wer sich selbst ein Freund ist
kann ein Freund für andere sein*

Eine Freundschaft, die uns durchs ganze Leben begleitet, ist die Freundschaft zwischen dem Ich, also der menschlichen Form, und dem Selbst, der in uns wohnenden Bewusstheit. Sie halten uns die Treue, egal was wir tun, wenn wir bereit sind, sie miteinander zu verbinden.

Am Beginn unseres Lebens werden wir getragen von unserem göttlichen Selbst und haben noch keine Ahnung von einem Ich. Wir sind Liebe pur. Dieses Selbst ist wie ein funkelnder Diamanttempel, klar und rein.

Nicht umsonst hat ein Baby eine so starke Anziehungskraft auf uns. Es strahlt aus der Tiefe seines Selbst und jedes kleinste Lächeln verzaubert uns. Dieses Selbst erforscht und staunt über die Welt der Formen, die es allmählich beginnt zu begreifen, im wahrsten Sinn des Wortes.

Am Anfang ist das ein ganz natürlicher, selbstverständlicher Prozess bis zu dem Zeitpunkt, an dem die Umwelt uns das Gefühl gibt, dass wir irgendwie nicht ganz richtig sind, so wie wir sind.

Unsere Erziehung beruht nicht alleine auf Annahme und Akzeptanz dessen, was wir sind, sondern sie versucht, uns zu formen, wobei es leider nur allzu oft ver-formen heißen müsste. Zuneigung und Aufmerksamkeit sind plötzlich geknüpft an Bedingungen. «Sei lieb, brav und fleißig.» Oder Urteile und Meinungen bestimmen uns, wie zum Beispiel: «Es muss was aus dir werden; ohne Fleiß kein Preis; das Leben ist kein Kinderspiel» oder «Was Hänschen nicht lernt, lernt Hans nimmermehr». Glaubenssätze, die uns dann womöglich ein Leben lang daran hindern, unser ganzes Potenzial auszuschöpfen.

Oft wird von Kindern das Verständnis eines Erwachsenen gefordert, obwohl sie die dafür notwendigen Lebenserfahrungen noch gar nicht haben können. Die kindliche Leichtigkeit geht so viel zu früh verloren, auch weil sie einem Leistungsdruck ausgesetzt werden, dem sie in vielen Fällen nicht gewachsen sind.

Natürlich wurden die Eltern während ihrer Kindheit auch entsprechend geprägt und so geben sie nun im besten Glauben weiter, wie man zu sein hat, um in dieser Welt bestehen zu können.

So wurden die meisten von uns ›geformt‹ und solange wir uns dessen nicht bewusst werden, geben wir die Glaubenssätze weiter an die nächste Generation, wieder davon überzeugt, das Beste für unsere Kinder zu tun.

Aber auch unser eigener Lebensweg ist beeinflusst von solchen Konditionierungen. Was tun wir nicht alles, um für liebenswert, intelligent, humorvoll usw. usw. gehalten zu werden, nur um von unserer geglaubten Wertlosigkeit abzulenken.

Der diamantene Tempel des Selbst aus unserer Kindheit ist in Vergessenheit geraten und damit auch unsere Selbstliebe. Wir haben aufgehört, UNS zuzuhören.

Darüber ging das intuitive Wissen verloren, dass wir schon immer ›wer‹ waren und es nicht erst werden müssen.

Stattdessen verlagerte sich unsere Aufmerksamkeit auf das Ego, getarnt als das Ich, und wir gaben ihm so immer mehr Macht. Wir gewöhnten uns daran, uns immer mehr auf dieses Ich zu fixieren und in der Welt hauptsächlich die festen Formen zu sehen. Formen, nach denen wir nun immer wieder greifen und die wir trotz ihrer Vergänglichkeit festhalten wollen, in der vergeblichen Hoffnung, so die Glückseligkeit zu finden.

Natürlich haben wir das Bedürfnis nach Liebe und Geborgenheit, machen es aber vor allem an Formen und äußeren Erscheinungen fest.

Alle Gedanken, die wir uns machen, rufen Gefühle hervor. Sind das Gefühle, die wir als unangenehm empfinden, versuchen wir entweder, sie weit von uns wegzuschieben und, wenn sie Schuldgefühle in uns auslösen, suchen wir nach einem Sündenbock, der uns entlastet.

Getrennt vom wahren Selbst, nehmen wir uns als getrennt von unserer Umwelt wahr und fühlen uns daher oftmals einsam.

Wir haben dem Ich/Ego so viel Macht verliehen, dass es sich verselbstständigen konnte. Das Ego verweigert seine eigentliche Aufgabe als Diener (wie schon im Kapitel ›Ego‹ beschrieben) und bedient sich voller Eifer seiner Macht. Sobald es aber den Versuch spürt, vom Thron gestürzt zu werden, findet das Ego voller Leidenschaft Strategien, um genau das zu verhindern.

Die heilsamen Impulse, die aus dem Selbst, dem inneren Tempel in uns, empor steigen, werden von ihm ignoriert und beiseitegeschoben.

Lassen wir uns davon beeindrucken und verzichten darauf, dass Ego/Ich auf seine Dienerschaft zu verweisen, ist das so, als würden wir unseren Tempel immer mehr verstopfen mit Be-und Verurteilungen, mit Vorstellungen und Meinungen darüber, wie es sein sollte, aber nicht ist. So vermüllen wir unseren inneren Tempel und überhören seine Signale und Impulse.

Im Laufe des Lebens ist dort so manches gelandet, das den Tempel des Selbst, der so klar war wie ein Kristall, immer mehr wie eine Mülltonne vollgestopft hat.

Verdunkelt ist unser wahres Selbst.

Die unangenehmen Folgen daraus sind Schamgefühle, Wut, Traurigkeit, Kleinheitsgefühle, Wertlosigkeit, aber auch Machtgier. Wir sind, um im Bild zu bleiben, zu wandelnden Mülltonnen geworden.

So unterdrücken wir das Schöne, Ganze und Vollkommene, das in uns lebt, kurz, die Liebe. Darum ist es nicht verwunderlich, dass wir auch anfälliger werden für Krankheiten und vieles mehr.

Immer mehr verleugnen wir die in uns angelegte Liebe und werden Opfer der eigenen Ignoranz. Lieber halten wir uns an die gewohnten und eingefahrenen Verhaltensmuster. Wir bewegen uns in Scheinwahrheiten, von denen das Ego behauptet, dass sie sich in Beweisketten erschließen würden, die uns unwiderruflich zeigen sollen, dass es so ist, wie es das Ego uns vorgaukelt.

Vergessen ist, dass wir die Wahrheit in uns tragen, im eigentlich kristallklar von Licht durchfluteten Tempel in uns.

Erst wenn die Schmerzen, das Unwohlsein, die Verletzungen und die daraus entstandenen Rückschläge, nicht mehr auszuhalten sind, wenn Druck und Krankheit zu viel werden, kann sich allmählich die Bereitschaft bilden, den ganzen Unrat in uns mal genauer unter die Lupe zu nehmen.

Dann würden wir uns wundern, was wir dort so alles finden könnten. Ein einziges Chaos aus Glaubenssätzen, Schwüren, Eiden und Überzeugungen, sowie wild durchgemischte Memory Karten, die darauf warten, wieder geordnet zu werden.

Wir werden aber erst in der Lage sein, dieses Chaos zu ordnen, wenn wir bereit sind, es mit Mitgefühl zu betrachten. Ein Mitgefühl, das unsere Ignoranz schmelzen lassen kann. Ein Mitgefühl, das weiß, was es zu tun gilt, um all den Müll aus unserem Tempel zu entfernen. Dieses Mitgefühl versteht und löst auf, gibt den Dingen einen Platz in unserem Herzen, räumt auf, voller Würde und Akzeptanz.

Doch das alles braucht seine Zeit und, vor allem, wir müssen es alleine tun. Uns kann zwar jemand eine Taschenlampe leihen, damit wir besser in unsere dunkle Tiefe schauen können. Doch hineinschauen und darin aufräumen müssen wir schon selber.

Haben wir erst mal die erste Schicht unserer in die Irre führenden Überzeugungen erkannt, können wir sehen, wie von selbst wieder Licht in die Dunkelheit dringt. Und wo erst einmal Licht ist, kann Dunkelheit nicht mehr sein.

Licht erhellt unsere Gedankenmuster, Verhaltensweisen und die Strategien unseres Egos. Dieses Licht macht unseren Tempel Schritt für Schritt wieder sichtbar. Wir bekommen allmählich eine Ahnung, was auf uns wartet, wenn immer mehr Licht unseren Tempel durchflutet und ihn so strahlen lässt, wie er in Wahrheit immer schon war: klar und rein wie ein Diamant.

Wie von selbst sortieren sich die Memory Karten zu Paaren von Begriffen. Es ist erstaunlich, wie sie zusammen passen. Freude und Leid, Trauer und Glück, Angst und Liebe, Wut und Kreativität, süß und sauer, gut und schlecht und vieles mehr. Das wichtigste Gegensatzpaar aber, das alles beinhaltet, ist das Ich und das Selbst.

Und noch mehr staunen wir darüber, wie sehr auch sie sich ergänzen und gegenseitig bedingen. Jedes braucht, um verstanden zu werden, seinen Gegenpart. Sie sind, so paradox es klingen mag, eine Einheit, auch wenn sie uns lange Zeit als getrennt erschienen sind. Alles, was uns bisher gehindert hat, uns zu dem zu entfalten, was wir wahrhaft sind, nehmen wir dankbar an und schenken ihm Anerkennung und Würdigung, bevor wir es als Brieftauben ins Universum schicken.

Nun finden wir in unserem Tempel sowohl Erfüllung, als auch Zuflucht. Er ist uns wieder Herberge, ein Ruhepol voller Sicherheit und Schönheit. Der heilige Ort unserer innewohnenden Göttlichkeit.

All seine bunt schillernden Diamanten sind wie Spiegel, in denen wir uns immer wieder erkennen können. Wir stellen uns vor, dass wir einen Thron in der Mitte unseres Tempels platzieren, den wir nun besteigen. Ein Klang von Liebe ertönt und erfüllt mit ihrer Schwingung den ganzen Raum, der unendlich zu sein scheint.

Das Ich sitzt nun als Diener im Glanze unseres Selbst. Beide sind in Freundschaft verbunden, auf dem Urgrund allen Seins, der Liebe. Weil wir losgelassen haben, was uns gefesselt hat in der Dunkelheit von Unwissenheit.

Jeder hat das Potenzial, aus sich selbst, aus seinem Herzen heraus, zur Wirklichkeit zu erwachen. Wichtig ist nur, dass wir bereit sind, es sehnlichst zu wollen und uns redlich darum bemühen. Niemand anders kann das für uns tun und Bücher auch nicht.

Sei bereit…beginne einfach mit dem ersten Schritt auf dem Weg zu dir. Werde dein bester Freund! Vergiss, was andere über dich denken, meide sie, wenn sie dir nicht gut tun. Konzentriere dich auf dein Herz und schließe Freundschaft mit dir. Du bist der einzige Mensch, der immer bei dir ist. Keine deiner Erfahrungen geschehen ohne dich. Also reich dir selber die Hand, gehe versöhnlich mit dir um und schreite weiter.

Alles was war, hat dir gedient. So sei dankbar, würdige das alles und gehe weiter. Werde der Vogel, der seine Flügel ausbreitet und den Himmel durchmisst. Werde das Meer, das immer wieder zu sich zurückkehrt. Werde zum reinen Kanal, der deine göttliche Qualität zum Tragen bringt. Werde immer mehr dir ein zuverlässiger Freund. Du wirst sehen, diese göttliche Kraft macht dich frei. Schau immer wieder in dein Herz, wenn es gilt, etwas zu erkennen.

Kannst du die Liebe fühlen? Dann handle so, wie sie dir rät. Sie wird dich auf allen Pfaden des Lebens begleiten und dir immer ein guter Ratgeber sein. Die Freundschaft mit dir selbst wird dein Leben gestalten und dich führen, egal wo du bist, was du bist, und was du auch tust. Du wirst an Erfahrungen wachsen und Weisheit daraus schöpfen.

Alles was du brauchst ist Liebe, Mitgefühl und Demut. Du wirst deinen Kindern, Partnern und Mitmenschen ein Segen sein.

Wenn du jetzt mit schmerzhaften Erfahrungen konfrontiert wirst, begegne ihnen mit offenem Herzen und deiner Liebe. Egal was auch geschehen mag, du fürchtest dich nicht mehr.

So lasst uns alles segnen, was ist und uns selber treu bleiben als unsere besten Freunde. Das erweckt die Kraft unseres Bewusst-Seins. Dann trägt jeder von uns seinen Teil zu der Schöpfung bei, weil wir das Wesentliche von innen heraus verstanden haben.

Wir besitzen dann den Schlüssel für das Tor zur geistigen Welt. Durchschreiten es im Hier und Jetzt mit unserer Energie und Präsenz. Das Licht, das nun aus uns leuchtet, hat sich verbunden mit der Weite des Kosmos und dem Reichtum der Erde. Dieses Licht, entflammt durch die Freundschaft mit uns, lebt und sendet die Wahrheit aus dem Herzen der göttlichen Quelle, die sagt:

«Ich bin».

Eine Freundschaft, die alles sichtbar macht, wonach du dich so sehr gesehnt hast.

Nun geh und bestimme dein Leben selbst.
Ich bin - dein bester Freund

Vom Traum erwacht, in meine Wirklichkeit

Im Leib der Mutter fühlte ich mich geborgen,
ließ mich tragen, hatte keine Sorgen.

Wir waren verschmolzen in Zweisamkeit,
ich hatte keine Ahnung von Einsamkeit.

Es war nicht auf Dauer, ich wurde geboren,
habe dabei das Eins- Sein mit der Mutter verloren.

Sie war nun dort und hier war ich,
so wurden wir Freunde, bis die Zeit verstrich.

Ich wollte nun selbst das Leben bereisen,
füllte den Koffer mit Erfahrungen und Beweisen.

Träumte den Traum von der Zweisamkeit,
wie einst mit der Mutter vor langer Zeit.

Es ist noch immer das Kind, das im Inneren schreit,
nach der verloren geglaubten Geborgenheit.

Der Traum lässt mich suchen, hartnäckig im Streben,
der Andere soll mir das Verlorene geben.

Jetzt such ich das Du und das Du sucht das Ich,
meinen Traum zu erfüllen, der von glücklich sein spricht.

Ich hoffe zu zweit, das Eins-Sein wieder zu finden,
verliebe mich und will das Glück binden.

Hab so viel Erwartung, auf verschiedene Weise,
der Traum meiner Suche zerplatzt ganz leise.

Wache nun auf in der Wirklichkeit,
sehe im Spiegel die gesuchte Zweisamkeit.

Es ist wie es ist, einmalig und ganz,
um mich herum strahlt schöner Glanz.

Es klopft noch was an, scheint im Innen zu sein,
es ist so sanft und schwingt sich auf Frieden ein.

Jetzt kann ich es spüren, was mich liebend berührt,
es ist mein Herz, das die gewonnene Freiheit spürt.

Vorbei sind mein Kampf und mein Opfertum
ich will in meiner eigenen Liebe ruhen.

Die Tränen, die rollen, sind Glückseligkeit,
vom Traum erwacht, in die Wirklichkeit.

Das Innen und Außen hat sich verbunden,
in mir hab ich Geborgenheit gefunden.

Wie einst bei der Mutter in ihrem Schoß,
von dem ich so lange träumte, doch jetzt bin ich groß.

Sitz auf dem Thron, in Geborgenheit,
Lenk von dort aus mein Leben, das Herz ist ganz weit.

Verneige mich vor dem, was ich durch Andere gefunden,
verbringe mit mir so viele schöne Stunden.

Das Schönste daran, jetzt kann ich es sehen,
all die anderen, die gern mit mir gehen.

Verbunden mit allem, im Glück wie im Leid,
Willkommen im Leben, es war höchste Zeit.

Verschwunden der Traum, die verlorene Geborgenheit,
ich bin erwacht, in meiner Wirklichkeit.

Ich Mann, Du Frau - was ist das?

Mann und Frau sind nicht unterschiedlich stark,
jeder ist ein Ganzes mit seiner Veranlagung,
das sich gegenseitig befruchtet und ergänzt

Es geht nicht darum, Männer und Frauen in Schubladen zu stecken, die nichts miteinander zu tun haben. Tragen doch beide Anteile des jeweils anderen Geschlechts in sich, die nach liebender Annahme rufen.

Ohne Frage jedoch gibt es natürliche Anlagen, die den Frauen die weibliche Urkraft verleihen und den Männern die entsprechend männliche. Diese Ur-kräfte sind Teil von uns und prägen uns ein Leben lang.

Ich sehe es an meinen Enkelkindern Lea und Tim. Lea, vier Jahre, entwickelte von Anfang an den natürlichen Drang, mit Puppen zu spielen. Sie wechselt die Windeln, füttert und badet sie. Was sie übrigens auch leidenschaftlich und hingebungsvoll mit ihrem kleinen Bruder macht. Sie liebt es, Teig zu kneten und im Kochtopf zu rühren, den Boden zu fegen, die Blumen zu gießen oder die Wäsche in die Waschmaschine zu stecken. Oft legt sie sich auch zu ihrem Bruder ins Bett, tröstet ihn oder streichelt ihm den Kopf, wenn er nicht schlafen will. Alles Dinge, die sie zufrieden und glücklich machen, ganz spielerisch aus sich selbst heraus.

Tim dagegen, 16 Monate alt, liebt Autos, findet Bagger toll und jede Baustelle wird zu einem Erlebnis. Er nimmt zwar die Impulse seiner Schwester auf, wenn es darum geht, zu spielen oder auch Quatsch zu machen. Sie lachen und sie weinen miteinander. Danach aber wendet sich jeder wieder seinen ureigenen Interessen zu.

Für mich war das höchst interessant zu sehen, bestätigt es doch, welch natürliche Instinkte in uns angelegt scheinen.

Mein Anliegen ist es, uns alle zu ermutigen, diesen unseren natürlich angelegten Urkräften zu folgen und sowohl die weiblichen, als auch die männlichen Eigenschaften anzuschauen, zu lieben und zu integrieren. Und zu akzeptieren, dass wir beide brauchen, um ganz zu sein.

Typisch weibliche Stärken sind zum Beispiel: Gefühl, soziales Interesse, Einfühlungsvermögen, diplomatisches Geschick, das Pflegen zwischenmenschlicher Beziehungen und Integration.

Männliche Eigenschaften sind unter anderem: Verstand, Logik, Dominanz, das Ausüben von Macht, Ziele zu verfolgen und Entscheidungen zu treffen.

Auch hier gibt es natürlich keine rigide Trennung zwischen Mann und Frau. Es geht vielmehr darum, beides zu integrieren. Dann werden wir selbstständig und stark, weil wir um beide Anteile in uns wissen. Dieses Wissen erweitert unseren Handlungsspielraum und unsere Perspektiven beträchtlich.

Ich wollte verstehen, warum es in vielen Beziehungen, partnerschaftlichen wie auch beruflichen, immer wieder so große Schwierigkeiten gibt. Ich glaube, es liegt auch an der Überzeugung, die vielfach unbewusst in uns verankert ist: der Mann sei das starke und die Frau das schwache Geschlecht!

Ein Bild, das aus der Zeit stammt, als der Mann noch auf die Jagd ging und die Beute nachhause brachte, um das Überleben der Familie zu sichern. Allein schon aus diesem Grund waren Jungen mehr ›wert‹ als Mädchen. Die körperliche Kraft des Mannes, die sich schon in seinem Körperbau ausdrückt, bekam deshalb besondere Anerkennung.

Frauen, die Kräuter sammeln gingen, auch um heilende Essenzen daraus herzustellen, die Kinder zur Welt brachten und erzogen, sich um das häusliche Wohl der Familie kümmerten, hatten nicht den gleichen Stellenwert wie die Männer. Obwohl auch sie Kraft und Ausdauer brauchten und für das Überleben der Gruppe auf ihre Art ebenso unverzichtbar waren wie die Männer. Dennoch bekamen Frauen über lange, lange Zeiträume hinweg nicht die Anerkennung, die sie eigentlich verdient hätten.

Darum haben viele auch nie wirklich gelernt, sich selbst von Grund auf wertzuschätzen, dagegen oft, sich klein, schwach und minderwertig zu fühlen.

Die Folgen sind bis heute spürbar, weil diese Überzeugungen immer noch in unseren Zellen mitschwingen. Das männliche Geschlecht wird nach wie vor oft als wertvoller und wichtiger angesehen, ganz besonders in der Berufswelt.

Meine Tochter war zumindest ein wenig enttäuscht, als sie erfuhr, dass ihr erstes Kind ein Mädchen wird. Das zweite, ein Junge, erfüllte sie spontan mit Glückseligkeit.

Obwohl sie beide Kinder innig liebt, waren die Freude und der Stolz über den Jungen doch irgendwie größer.

Und damit ist sie bestimmt keine Ausnahme. Über wie viele Generationen war und ist es immer noch so, dass der so genannte Thronfolger als Geschenk des Himmels gepriesen wird?

Die Kirchen, bis heute immer noch überwiegend von Männern dominiert, benutzten ihre Macht, um den Menschen vorzuschreiben, wie sie sich zu verhalten hätten, um nicht in der Hölle zu landen.

Und im Mittelalter waren es vor allem Frauen, die als Hexen verbrannt wurden, entweder weil sie das Wissen um Heilung und Fürsorge in sich trugen, oder aber weil sie sexueller Handlungen verdächtigt wurden, denen sich ihre Richter und andere Männer selber freizügig hingaben.

Es ist noch gar nicht so lange her, da wurden Frauen auch bei uns geächtet, wenn sie ohne Mann uneheliche Kinder erziehen mussten, während die Väter heimlich bewundert wurden ob ihrer Potenz.

Keusch und angepasst sollte die ideale Frau sein, ohne eigenen Willen und ohne eigene Entwicklung. Als Mann dagegen folgte man dem entgegengesetzten Ideal.

Über viele Jahrhunderte und unzählige Generationen blieb das so. Bis sich die Frauen aufrafften, dagegen zu protestieren und begannen, für ihre Gleichberechtigung zu kämpfen. Die Zeit der Emanzipation war gekommen und damit im wahrsten Sinne des Wortes Kampf.

Immer mehr Frauen stritten um Anerkennung und Respekt. Viele Frauen bedienten sich dabei allerdings leider des männlich kämpfenden Prinzips.

Das hatte aber zur Folge, dass Mann und Frau sich eher als Konkurrenten gegenüber standen und sich dadurch den Weg zueinander versperrten. Manche Frauen wurden herb, immer männlicher und wollten oftmals auch keine Kinder mehr.

Sie waren damit beschäftigt, besser sein zu wollen als die Männer und sie möglichst abzuwerten. Die Dynamik der gegensätzlichen Pole von männlich und weiblich, die sich eigentlich anziehen sollten, ging verloren.

Haben wir Frauen auf diese Weise wirklich den Kern der in uns wohnenden weiblichen Macht gefunden? Erreichten wir denn wirklich mehr Anerkennung, indem wir unsere Weiblichkeit verdrängten? Oder führte dieser Versuch einer Emanzipation nicht eher zu gegenseitigen Vorwürfen und Abwertungen, die uns in Folge nur immer beziehungsunfähiger machten?

Gleiches zieht sich eben nicht wirklich an, es sind die Gegensätze, auch in uns selbst, die spannend sind für den jeweils anderen.

Interessanterweise waren es einige Männer, die begannen, beide Pole in sich zu entdecken und verborgene weibliche Energien in sich aufleben zu lassen und damit einer Beziehung, dem Miteinander wieder eine Chance gaben. Sie waren bereit, Hausmann zu sein, sich um die Kinder zu kümmern, während die Frau arbeiten ging. Die Fronten wurden etwas weicher.

Viele Frauen erkannten, nach Zeiten des Kampfes um Anerkennung, vor allem die eine, die männliche Seite zu leben, brachte ihnen auch nicht wirklich die erhoffte Bestätigung.

Doch seien wir mal ehrlich, in Wahrheit wollen wir, Männer wie Frauen, uns ja gar nicht in Mustern von Unterordnung, Beherrschung, Besitz und Kampf bewegen, um Gleichberechtigung zu erlangen. Wir wollen uns vielmehr auf eine Freiheit hin bewegen, in der jeder sich entfalten kann auf seine Art! Eine Entfaltung, die so einzigartig ist, wie jeder einzelne von uns.

Gemeinsam, als Paar oder auch als Gruppe, können wir dann etwas Neues schaffen, das kraftvoll seine Wirkung nach außen trägt. Es lässt jeglichen Kampf oder Wettstreit versiegen, weil jeder um seine eigene Ganzheit weiß. Die Frauen um ihren Anteil an männlicher Energie und die Männer um den entsprechenden weiblichen. Ein bezeichnendes Symbol dafür ist das asiatische Zeichen für Yin und Yang.

Ich glaube, in dieser in uns angelegten Ganzheit können sich Männer und Frauen wirklich auf Augenhöhe begegnen.

Natürlich haben wir alle unsere Bestimmung. Aber sie ist nicht irgendwo da draußen zu finden, in Kraftanstrengung und Kampf, sie ist vielmehr in uns. Es geht darum, das zu sein, was wir sind.

Wenn eine Frau ein Kind gebiert, wird sie voll und ganz bei dem sein, was sie ist, Mutter. Das bedeutet Liebe, Fürsorge, Mitgefühl und Hingabe. Sie fühlt sich erfüllt in dem Moment, wo sie mit ihrem Kind ist und es versorgt. Aber diese Anteile von Fürsorge, Mitgefühl, Hingabe und Liebe trägt auch der Mann in sich. Auch er kann sich dem hingeben, was er gerade tut. Sei es im Beruf, in der Familie oder in einer Firma, ob angestellt oder selbstständig.

Auch Eigenschaften wie Verstand, Logik und zielgerichtetes Handeln können sowohl Männer als auch Frauen besitzen. Natürlich nicht immer alles in gleichem Maß, freilich gibt es Unterschiede. So geben Frauen zum Beispiel oft Impulse, die dann von Männern umgesetzt werden. Das wäre eine geglückte Form von Aktivität in Harmonie.

Wenn wir Beides anerkennen und leben, das Weibliche wie das Männliche, ist es egal, was wir tun, wir werden immer kraftvoll mit den Dingen sein und vor allem in der Liebe.

Wenn wir uns nun auf die Suche nach unseren vernachlässigten Seiten machen, wenden wir uns damit auch wieder den Gefühlen des Herzens, der Seele und des Geistes zu, die weder männlich noch weiblich sind.

Weiß der Mann um seine weiblichen Seiten, nimmt sie bejahend an und integriert sie, ist er in der Lage, die Frau zu verstehen, zu respektieren und zu achten, wie umgekehrt auch die Frau den Mann.

Ich habe für mich herausgefunden, wenn ich mir die Zeit nehme, immer wieder Innenschau zu halten, stoße ich an eine kraftvolle Quelle in mir, aus der ich schöpfen kann. Diese Quelle heißt Liebe.

Dort habe ich auch entdeckt, wie kraftvoll meine weibliche Seite ist. Gerne bin ich dann fürsorglich, verständnisvoll, diplomatisch, nehme auch Probleme offen an, lebe meine Intuition, wie auch alle anderen Impulse, die das Feuer der göttlichen Königin in mir lodern lassen.

Aber ich habe auch männliche Anteile in mir gefunden, die mir helfen, zielgerichtet zu handeln, sowie Durchsetzungsvermögen und Beständigkeit zu entwickeln. In dieser neu gefundenen Ganzheit erkannte ich, welch wunderbare, schöne und liebenswerte Wesen wir alle im Grunde sind.

In dieser Ganzheit stehen sich Mann und Frau nicht mehr gegenüber, sie stehen nebeneinander, schauen gemeinsam in dieselbe Richtung, die einen Raum voller Möglichkeiten offenbart, ohne die fordernde Erwartung, der Eine müsse den Anderen glücklich machen. Im Gegenteil, sie entwickeln die Fähigkeit, mit Neugier und Wertschätzung einander zu begegnen.

Ein Ja zum Anderen ist auch ein Ja zu sich selbst. Wenn wir um die unerschöpfliche Quelle der Liebe in uns wissen, können wir uns gegenseitig verschenken, ohne uns dabei zu verlieren. Wir profitieren voneinander auf dem Weg des Lebens. Unser beider Schöpferkraft, die sich gegenseitig bedingt, kann sich nun voll entfalten.

Durch all diese Einsichten lebe ich heute eine wunderbare Partnerschaft mit meinem Mann, der, ebenso wie ich, auch seine Anlagen kraftvoll lebt. Wir achten und respektieren uns, ohne den anderen zu beschneiden. Wir gestalten unser Leben voller Elan, aber ohne ein bestimmtes

Ergebnis zu erwarten. Wir sind, wie wir sind, staunen, wie wir weiter wachsen und immer wieder voneinander lernen und entdecken ständig Neues im Anderen, das ihn noch interessanter und begehrenswerter macht.

Doch all das haben wir erst lernen müssen, durch das Erforschen der Gründe, warum unsere früheren Partnerschaften nicht so geklappt haben. Wir haben uns gefragt, was wir selber dazu beigetragen haben. Waren bereit, Fehler zu erkennen, auch bereit, uns zu ändern und vom Leben zu lernen und das tun wir weiterhin.

So geht jeder seinen Weg, voller Liebe und Achtung. Wäre es derselbe Weg, bliebe ein Weg unerschlossen. Aber obwohl jeder seinen Weg geht, gibt es doch nur ein gemeinsames Ziel: sich gegenseitig zu erkennen und das Feuer der Liebe brennen zu lassen. Oder, frei nach dem Sprichwort, «den Himmel auf die Erde zu holen».

Auch Firmen und Betriebe können davon profitieren, wenn sich die weibliche mit der männlichen Kraft verbindet, getragen von natürlichem Respekt und Achtung vor dem jeweils anderen Geschlecht. Dann würde ein großes Ganzes entstehen und jeder wäre daheim in der Mitte seiner Bedingungen Es könnte den Lauf der Welt verändern, davon bin ich überzeugt.

Meine Liebe begegnet deinem Sein
und lädt dich mit auf diese Erde ein.

Träume nicht, lebe das, was in dir steckt

*In jedem von uns
liegen viele Talente und Fähigkeiten,
sie wollen entdeckt und entfaltet werden,
alle sind so einzigartig, wie du und ich.*

*Dazu schrieb Hermann Hesse:
«Der wahre Beruf des Menschen ist,
zu sich selbst zu kommen.»*

Unsere Veranlagungen zu entdecken und entsprechend zu leben, ist ein wichtiger Teil unseres Lebens, der mit zu Ausgeglichenheit, Freude und Glück beiträgt.

Oft zeigen wir schon als kleine Kinder, welche Begabungen wir mitgebracht haben. Es sind Gaben, die in uns angelegt sind, um sie im Leben zu entfalten. Schon in der Bibel heißt es: «Geben ist seliger als Nehmen.» Oder wie ich in einem schönen Liedertext gehört habe: «Weil du gibst, gebe auch ich, weil du lebst, lebe auch ich.»

So gestalten wir ein Leben, indem wir uns gegenseitig befruchten und Neues erschaffen. Jeder ist wichtig mit seinen individuellen Gaben, die er zu verschenken hat.

Einer sät, erntet das Korn und bringt es dann zum Müller. Der verarbeitet es zu Mehl und bringt es zum Bäcker. Dieser wiederum bekommt von anderen die Zutaten, die er braucht, um ein Brot zu backen. Der Ofen, in dem das

Brot gebacken wird, ist wieder von einem anderen hergestellt und so weiter und so fort.

Schauen wir genau hin, braucht eine lange Kette von Bedingungen, bevor wir das fertige Brot kaufen und uns davon nähren können.

So auch der Bauer, der seine Kühe mit Gras, das Sonne und Regen haben wachsen lassen, aufzieht, sie melkt, in der Molkerei dann daraus Butter und Käse entsteht, und uns so für uns ein köstlicher Aufstrich entsteht.

Oder, wie würde es in unseren Städten ausschauen, wenn es keine Müllmänner gäbe?!

Das sind nur kleine, sehr einfache Beispiele dafür, wie alles auf jeweils vorangehenden Ursachen beruht und wie sehr wir von den vielfältigen Fähigkeiten und Begabungen unserer Mitmenschen profitieren.

Doch sind wir uns dessen auch bewusst? Ist es nicht vielmehr oft so, dass wir viele Berufe und Tätigkeiten manchmal als gering, minderwertig und als nicht erstrebenswert erachten?

Wie viele Eltern haben das Bestreben, was ›Besseres‹ aus ihren Kindern zu machen, weil für sie ein Doktortitel größeres Ansehen in der Gesellschaft verspricht, als ein Arbeiter oder eine Putzfrau.

Natürlich gilt das auch umgekehrt: so manches hoch begabte Kind geht nicht in die Wissenschaft, weil seine Eltern es, aus welchen Gründen auch immer, nicht gefördert haben.

Und so verkümmern in beiden Fällen Talente in einem ungeliebten Beruf, der den Menschen nicht erfüllt und am Ende womöglich sogar krank macht. Der Wochenanfang wird zur Qual, während ihr Ende schon wieder heiß ersehnt wird. Die natürlichen Anlagen werden verdrängt und dem Sollte, Könnte, Müsste Raum gegeben. Zurück bleibt der unerfüllte Traum, sich zu verwirklichen.

Natürlich könnten wir alle Klavier spielen lernen. Aber der eine ist begabt, während der andere sich damit abquält. Jedoch auch der begabte Klavierspieler unterscheidet sich von den anderen, die auch begabt sind. Der eine spielt lieber und besser Jazz, der andere Klassik. Wie auch immer: Leben wir gemäß unseren Begabungen, tragen wir, egal wie oder durch was, als machtvolle Schöpfer zur Fülle des Erdendaseins bei.

Machen wir uns klar, dass jeder Einzelne wichtig ist in seinem individuellen Schaffen. Er verdient Achtung und Respekt für seinen Beitrag zur Fülle des Lebens.

Stellen wir uns einen bunten Blumenstrauß vor und betrachten jede einzelne Blume etwas genauer. Dann sehen wir, jede für sich ist nicht nur schön, sondern auch einzigartig, ein Unikat. Doch eines haben sie alle gemeinsam: ihre Blüten sind kraftvoll verankert mit dem Stil, der sie trägt. Jede einzelne Blume steht für sich selbst und zeigt ihr Sein. Dennoch bilden sie nun gemeinsam einen Strauß voller Farbenpracht und verströmen ihren Duft. Jede einzelne fügt sich in ihrer Ganzheit zu den anderen Ganzheitheiten und bildet so ein größeres Ganzes.

Dabei ist keine wertvoller als die andere, jede bleibt, was sie ist, eine Rose, eine Gerbera, eine Lilie, eine Orchidee oder ›nur‹ ein Gänseblümchen.

Wir können sicher sein, keine von ihnen fragt danach, wer ist besser, schöner oder wichtiger. Sie verströmen sich selbst, in dem, was sie sind.

So ein ganz einfaches Beispiel vermittelt uns eine tiefgreifende Botschaft.

Würden wir uns bildlich gesprochen, dem hingeben, was in uns steckt, würden uns gegenseitig die Hände reichen, müssten wir uns nicht bekämpfen und gegenseitig abwerten. Dann wären wir wirklich ein großes Ganzes, eine wahre und zufriedene Menschheitsfamilie. Das gilt natürlich auch im kleineren Rahmen. Zum Beispiel in einer Familie oder in einer Firma.

Im Laufe eines Lebens entdecken wir vielleicht noch andere Veranlagungen und Talente. Folgen wir ihnen und den Impulsen daraus, kann wiederum Neues entstehen. So ergeben sich Möglichkeiten über Möglichkeiten. Für dich, für mich, für uns alle. Dann stehen wir voller Wertschätzung vor dem Anderen, der uns sein Talent schenkt und wir schenken ihm das unsere. Jeder, egal was er zu geben hat, macht das Leben interessant und vielseitig.

Wenn wir das verstehen, werden wir all die Veranlagungen und die Möglichkeiten, die in uns stecken, voller Liebe und Hingabe empfangen und das Beste daraus machen wollen.

Durch dieses Wollen und den Glauben an uns, entsteht eine Kraft, die uns zum Erfolg führt. Im Großen wie im Kleinen. Dann bewegen wir uns im Fluss mit unseren Gaben und werden voller Frieden und Glückseligkeit sein.

Handeln wir dagegen voller Angst und greifen nach etwas, das uns mehr Sicherheit oder materiellen Reichtum verspricht, aber keine Freude bereitet, machen sich auf Dauer Gefühle wie Zweifel und Selbstverurteilung breit. Dann fühlen wir uns energielos, missmutig und passen uns willig den Vorstellungen und Meinungen anderer an und verbiegen uns dabei in alle Richtungen.

Ich habe schon oft die Erfahrung machen dürfen, dass Menschen, die voller Hingabe und Liebe ihre Berufung leben, dies in allem sichtbar machen, was sie erschaffen. Sie wirken ausgeglichen, sind humorvoll und anerkennend gegenüber anderen. Stellen sich nicht über, sondern neben sie. Ihre liebende Hingabe schenkt ihnen Erfolg und als größtes Geschenk Gesundheit. Sie leben ein ausgeglichenes Leben, in allen Bereichen ihres Seins.

Schaue ich mir mein Leben an, stelle auch ich fest, immer wenn ich mit Liebe und Hingabe bei der Sache war, hatte ich Erfolg. Die Freude am Entdecken der verschiedensten Talente in mir zieht sich bis heute wie ein goldener Faden durch mein Leben.

Was nicht heißt, dass ich nie erfahren habe, wie es ist, Dinge zu tun, die mir nicht entsprechen. Imme dann fing ich an, an mir zu zweifeln, mich mit anderen zu vergleichen und dann abzuwerten.

Sofort fühlte sich mein Leben schwer an, weil ich in solchen Momenten das Gefühl für meinen persönlichen Wert verloren hatte.

Das Resultat davon war, dass all das, was an Qualität und Schaffenskraft in mir steckt, gewaltige Beulen abbekommen hat.

Wie man sieht, liegt auch hier sowohl die Wurzel der Probleme, als auch ihre Lösung in uns selbst.

Dazu eine kleine Geschichte von einer Klientin aus meiner Praxis. Ihr Sohn hatte bald seinen 30. Geburtstag. Sie hatte an ein Geldgeschenk gedacht, damit er sich einen größeren Wunsch erfüllen könne.

Der Tag rückte immer näher. Die Beschäftigung mit ihren eigenen Dingen hielt sie jedoch bis zum Vorabend von weiterführenden Gedanken ab. Voller Schreck fiel ihr plötzlich auf, dass sie noch gar nicht darüber nachgedacht hatte, in welcher möglichst außergewöhnlichen Form sie das Geschenk überreichen wollte. Sie grübelte darüber nach, doch unter diesem Druck fiel ihr nichts ein. Im Gegenteil, sie verurteilte sich dafür, dass sie es jetzt wohl lieb- und ideenlos überreichen müsse. In dieser Stimmung von Verzweiflung über sich hatte sie natürlich weder eine Idee noch einen Impuls.

So ging sie enttäuscht von sich ins Bett, war aber bereit, ihre Gedanken zu beobachten. Sie erkannte, dass es der Wunsch nach der Anerkennung ihres Sohnes für einen tollen Einfall war, der sie so sehr blockiert hatte.

Als ihr das klar wurde, konnte sie die Situation anders betrachten: das Wichtigste ist doch die Liebe zum Sohn, das Glück, dass es ihn gibt. Dabei ist es egal, ob das Geld aufwändig verpackt ist oder nur in einem schlichten Umschlag steckt. Entscheidend ist die Motivation des Schenkens. Während sie darüber kontemplierte, schlief sie beruhigt ein.

Am nächsten Morgen wachte sie ausgeruht auf und sprühte nur so vor Ideen. Innerhalb kürzester Zeit war das Geldgeschenk kreativ verpackt. Ohne jeden Anspruch auf Grandiosität, stattdessen bereit zur Einfachheit.

Immer wenn wir besonders sein wollen und versuchen, uns durch das, was wir tun, aufzuwerten, blockiert das unser Energiesystem und damit unsere Schaffenskraft. Weil wir gefangen sind im Wechselspiel von Selbstverurteilung und der Suche nach Anerkennung.

Erst die Bereitschaft zur Einfachheit ohne jeden übertriebenen Anspruch führt zu einer Leichtigkeit, die unter dem selbst erzeugten Druck, etwas Besonderes sein zu wollen, so nicht möglich ist.

Haben wir zu uns selbst Vertrauen, dann können sich die in uns allen angelegten Veranlagungen fast wie von selbst entfalten.

Dann haben sie Zeit zu reifen und wir können es, wer weiß, eines Tages vielleicht sogar bis zur Meisterschaft bringen. Du wie ich.

Deshalb sollten wir immer wieder bereit sein, uns aufs Neue die Frage zu stellen:

«Was erfüllt mein Herz?»

Haben wir es entdeckt, überlegen wir, wie wir es am besten umsetzen können. Vielleicht wird daraus ja sogar ein neuer Beruf. Dinge, die uns Freude bereiten, sind jederzeit in der Lage, Kräfte zu entwickeln, die uns dabei unterstützen, unsere Fähigkeiten freizulegen.

Nur Mut, träume nicht, werde Schöpfer deiner eigenen Realität. Es lohnt sich. Für dich, aber auch für alle anderen.

Lass los, was vergänglich ist

Das Ende der vergeblichen Suche nach Glück
beginnt mit dem Loslassen,
das uns die Tür zur Fülle öffnet

Wir haben eine große Sehnsucht danach, frei und glücklich zu sein. Unsere Suche liegt allerdings oftmals im Streben nach Macht, nach Gegenständen und Besitz jeglicher Art. Doch wären wir bereit, einmal genauer hinzuschauen, würden wir erkennen, dass nichts, was der Vergänglichkeit unterliegt, uns die gesuchte Freiheit schenkt.

Freiheit existiert weitab vom Greifen nach Objekten und der vergeblichen Hoffnung auf dauerhaftes Glück, weitab von jeglichen Bewegungen, die der Verstand uns einredet. Das Paradoxon daran ist allerdings, dass es doch eines intellektuellen Verständnisses bedarf, ohne das man nicht weiter kommt.

Es geht darum, die Einsicht zu finden, dass keinerlei Objekt uns vollauf zufrieden stellen kann. Wenn wir diese Tatsache verstanden und verinnerlicht haben, fühlen wir uns nicht mehr länger so sehr zu den vergänglichen Dingen hingezogen.

Daraus entsteht eine sogenannte Leidenschaftslosigkeit. Wie das Wort schon erklärt: Anhaften an Dingen schafft

Leid, lassen wir sie los, treten wir ein ins Reich der Freiheit.

Es bedeutet nicht, nichts besitzen zu dürfen, es bedeutet, sich bewusst zu werden, alles auch wieder loslassen zu können. Sich nicht zu verstricken in Sinnesgenüssen aller Art.

Das heißt auch keineswegs, dass all das grundsätzlich schlecht ist. Aber es beruht auf Einbildung und der falschen Vorstellung von Dauerhaftigkeit. In Wahrheit ist es flüchtig und vergänglich, wie alles im Tanz des Lebens.

Durchschauen wir dieses Spiel, wird so manche Last von uns abfallen. Die Angst vor dem Tod, vor dem Leben, vor der Liebe. Wir verlieren dabei viel von dem Gepäck, das wir so leidenschaftlich mit uns herumschleppen. Ohne dieses Gepäck fühlen wir uns leichter und freier.

Es steckt viel Humor im spielerischen Tanz des Lebens und es so zu sehen, macht fröhlich und lässt uns lachen. Selbst hoch verwirklichte Meister verhalten sich dann wie Kinder. Wie schon Jesus sagte: «Wenn ihr nicht werdet wie Kinder... ».

Damit meinte er ganz sicher nicht naiv und unwissend, sondern ohne Vorurteile und festgefahrene Meinungen zu sein, stattdessen neugierig und mit offenem Herzen demgegenüber, was sich zeigt.

Ist es nicht unser größtes Anliegen durch die Befreiung von Abhängigkeit und Angst den Weg zu finden, auf dem wir hin zur Freude gelangen? Unserer Selbstverwirklichung Raum zu geben und den Frieden in uns zu entdecken?

Solange wir allerdings nicht akzeptieren können, dass die Vergangenheit längst vorbei ist, können wir nicht offen sein für die Gegenwart. Unser Blick ist auf das Vergangene gerichtet und wir wenden der Gegenwart den Rücken zu. So bleiben wir dem Vergangenen verhaftet, das uns beständig im Greifen und Festhalten verweilen lässt.

Dieses Festhalten aber frustriert und macht uns unglücklich. Wenn wir nicht jetzt leben, wann dann? Wir sollten dankbar, sie gebührend würdigend, von der Vergangenheit Abschied nehmen. Ob von Geschichten, Menschen, Situationen oder Dingen.

Machen wir einen Kopfsprung in den Fluss des Lebens, das immer nur in diesem Moment stattfindet und von einem Augenblick zum nächsten fließt! Sich an nichts klammernd, weder an die Zukunft, noch an die Vergangenheit, weder an Hoffnungen, noch an Vorstellungen vom Morgen.

Wir neigen allerdings dazu, schöne Momente, Augenblicke, Situationen, die uns gefallen, festhalten zu wollen, in der trügerischen Hoffnung, sie mögen bleiben, so wie sie gerade sind.

Aber da wir ahnen, dass es nicht so sein wird, steigt mitten im Glück die Angst in uns auf, sie wieder zu verlieren. Damit verpassen wir ständig die Möglichkeit, das Jetzt, den einzigen Augenblick der Freiheit, zu genießen, weil wir nach etwas greifen wollen, das nicht festzuhalten ist.

Alles, ausnahmslos alles, was sich in unserer materiellen Welt abspielt, ist vergänglich. Das einzig Beständige ist Bewusstsein, Liebe, Göttlichkeit, egal wie wir es nennen. Es ist immer da, weder kommt es, noch vergeht es. Es ist hier, jetzt, genau in diesem Moment. Alles andere entsteht aus unserer Einbildungskraft, ist also eine Illusion. Und was entsteht, vergeht.

Das Erkennen der Illusion kann uns helfen, aus unseren gedanklichen Verstrickungen, Gemütsregungen und all unseren Leiden auszusteigen. Wir sollten uns immer klarer darüber werden, dass keinerlei Objekt von Dauer ist.

Ein weiser Mensch gibt alles für seinen inneren Frieden hin. Er genießt bewusst, was ist, weiß um die Vergänglichkeit, weiß, dass nichts so bleibt, wie es ist. Deshalb nutzt er dankbar den Augenblick als Geschenk. Bewusst lässt er jeden Gedanken an Vergangenes immer wieder aufs Neue los. So können sich keine Schleier bilden, die im Greifen nach etwas, das nicht zu halten ist, entstehen. Stattdessen erfreut er sich an seiner klaren Sicht, die voller Lebensfreude ist, von Augenblick zu Augenblick, lebt im Jetzt und verschmilzt mit diesem Moment.

Klar, den einen oder anderen befällt vielleicht die Angst, dass er sich womöglich von seinen Beziehungen oder Partnern trennen sollte. Das wäre eine verfrühte Reaktion auf das oben Gesagte.

Sind Beziehungen allerdings auf Sand gebaut, brechen sie von selber zusammen. Wie Sandburgen, die Kinder am Strand bauen. Die nächste größere Welle schwappt sie unweigerlich davon.

Keine Partnerschaft oder enge Freundschaft kommt der Partnerschaft mit dem eigenen Selbst jemals gleich. Diese intime Kommunikation zwischen dem Ich und dem Selbst sollten wir hegen und pflegen und immer tiefer werden lassen. Beziehungen dagegen, die uns auf dem Weg unserer Selbstfindung behindern, sollten wir loslassen. Nicht nur wir sollten nicht umklammern, sondern uns auch nicht umklammern lassen.

Lassen wir los, was vergänglich ist, kommen wir immer wieder zu der Erkenntnis, dass nur dieser Moment wahrhaft existiert, der sich allerdings genauso schnell in den nächsten Augenblick verflüchtigt und damit nur noch Vergangenheit ist.

Jetzt kommt es darauf an, bereit zu sein, mit jedem neuen Moment im Ist-Zustand zu verschmelzen. Dann finden wir, wonach wir schon so lange suchen. Die lodernde Flamme der Liebe zum Leben in uns, die unentwegt brennt.

Nichts festzuhalten lehrt uns das Beispiel des Windes oder einer zarten Brise. Sie bleibt niemals am gleichen Platz. Eine Brise bewegt sich permanent, von Ort zu Ort.

Im Frühling oder Sommer gehe ich gerne bei uns an der Isar in dem schönen Rosengarten spazieren. Wie oft spüre ich dann diese Brise. Sie kommt nicht auf die Idee, sich irgendwo festzuklammern, im Glauben, das der eine Platz besser wäre als irgendein anderer.

Es liegt in ihrer Natur, immer weiter zu wehen. Als nächstes durchstreift sie vielleicht die Isarauen, einen

Acker oder vielleicht über einen Misthaufen, sie gleitet immer weiter über Feld und Flur. Sie lehnt die Umstände weder ab, noch bejubelt sie sie.

Von dieser Brise können wir lernen, was es heißt, dahin zu strömen. Sich in den Strom des Lebens zu begeben, sich weder an etwas zu klammern, noch danach zu greifen. Klammern wir uns dennoch an etwas, begegnen wir mit Sicherheit immer wieder, innerlich wie äußerlich, Schwierigkeiten, die wir ja eigentlich vermeiden wollten.

Manchmal neigen wir dazu, voller Inbrunst schöne Geisteszustände, Glücksempfindungen und wunderbare Momente festhalten zu wollen. Doch auch die schönsten Geisteszustände sind ihrem Wesen nach vergänglich und lassen sich daher nicht erfolgreich bewahren.

Im Kindesalter hatten wir doch ein anderes Selbstbild von uns als mit 25 oder 50 oder sogar mit 80 Jahren. Auch daran lässt sich erkennen, dass eine Vorstellung, ein Bild von Natur aus keinen Bestand hat.

Vorstellen, erwarten, beurteilen, im Vergangenen festhalten, all das ist ein mentales Konstrukt unseres Ego-Denkers. So ein Gedankenprodukt entwickelt sich oftmals zu einem Selbstläufer, bis es sich zu einem gewaltigen Leidenskomplex angehäuft hat.

Oder wir neigen dazu, ständig nach neuen Objekten zu suchen, die uns befriedigen könnten, ja, sogar sollen. Sei es ein neues Auto, ein besserer Job, ein größeres Haus, eine bessere Beziehung. Ja, wir suchen sogar in der Spiritualität, in der Hoffnung auf eine wie auch immer geartete Erleuchtung.

Immer suchen wir in der Zukunft das Bestmögliche und tun beinahe alles, um dorthin zu gelangen und es zu bekommen. Ist dann die Zukunft zum Jetzt geworden, sind wir oft enttäuscht darüber, dass es anders ist, als wir es erhofft hatten und beginnen sofort mit einer neuen Suche nach etwas, das uns, bitte schön, endlich dauerhaft zufrieden machen soll.

Wieder laufen wir wie Blinde am Augenblick vorbei, dem Hier und Jetzt, obwohl nur da das Leben stattfinden kann. Das ist, als säßen wir auf einer Schatztruhe voller Diamanten, aber hielten ein Fernglas vor die Augen, um diese außerhalb zu suchen.

Dabei können wir unseren Schatz, unsere Diamanten, in jedem Augenblick finden, in jedem Moment, denn sie gehören uns seit der Geburt. Sie funkeln tief in unserer Seele als die Wahrheit unseres Seins. Aber glauben Sie mir, Sie werden sie niemals in der Vergangenheit finden können, und auch nicht in der Zukunft, weil das eine Erinnerung ist und das andere eine Projektion.

Auch dass wir uns so sehr mit unserem Körper identifizieren, oder vielmehr mit dem Bild von ihm, wie er eigentlich aussehen sollte, um endlich zufrieden mit ihm zu sein, ist eine beständige Quelle von Leid.

Dabei wissen wir alle nur zu gut, dass auch dieser unser Körper der Vergänglichkeit unterliegt. Hartnäckig, voller Angst leugnen wir diese eindeutige Tatsache und geben uns alle Mühe, die Spuren des Alterns zu verwischen - mit mäßigem Erfolg.

Solange wir glauben, unser Körper, unser Ich und unsere Persönlichkeit sei alles, was uns ausmacht, identifizieren wir uns paradoxerweise mit der Vergänglichkeit. Die Wahrheit ist, wir sind viel mehr und viel größer als unsere fleischliche Hülle, aber um das zu begreifen, müssen wir uns lösen von der tragischen Fixierung auf sie.

Dann, wirklich erst dann, können wir auch unseren Körper wieder genießen als das, was er ist: Ein Wunderwerk der Natur.

Stellen wir schließlich erschöpft fest, dass unser Klammern und Festhalten an Orte, Personen, eine spezielle Ausbildung, an Wünsche, Vorstellungen und viele unnütze Dinge uns auf der Suche nach Freiheit und Glück nicht weiter gebracht haben, gibt es nur eine Antwort: Loslassen!

Glücklich ist nur ein unbeschwertes Wesen, das an nichts Speziellem haftet, weder an einem Platz oder an einem Umstand, noch an einer Person.

Ein solcher Mensch ist frei wie der Wind oder die Brise, die durch den Rosengarten weht. Haften bleiben an Dingen, Gedanken, Situationen bedeutet, dass wir unsere Energie nicht ausschöpfen, sondern sie im Gegenteil verlieren.

Nur im Hier und Jetzt ist Bewusstsein präsent und nirgendwo anders. Also lasst uns nicht außerhalb von uns nach der Wirklichkeit suchen, sondern nach innen schauen, in die Schatztruhe, die alle Diamanten des Wissens und der Weisheit birgt.

Obwohl uns viele Religionen glauben machen wollen, das Heil sei nur im Außen zu finden, in einem Himmel, in dem Gott wohne, dessen Gnade wir uns erst noch verdienen müssten. In Wahrheit lebt Gott in uns und wir leben in Gott. So sind und bleiben wir göttliche Wesen.

Wir brauchen nichts und niemanden zu vergöttern, weil wir selbst das Göttliche in uns tragen. Überlassen wir es lieber anderen, etwas Exklusives anzubeten.

Erkennen und finden wir Gott in uns selbst, wird uns allmählich klar, dass er auch in den Tieren, Pflanzen, sogar in den Steinen und Felsen ringsumher sichtbar ist.

Wir sehen und wissen dann, dass tatsächlich kein Unterschied zwischen dem Tropfen und dem ganzen Ozean besteht. Alles wird transzendent und sichtbar. Es war schon immer da und wird auch nie vergehen.

Dann lassen wir voller Vertrauen unsere Wurzeln in die Erde wachsen, wie der Baum, strecken uns nach oben gen Himmel wie seine Krone und lassen in der Mitte unser Licht der Liebe leuchten.

Dort, ja, genau dort finden wir den reinen Geist, der frei ist von allen zweifelnden Gedanken.

Es ist an der Zeit, dass wir, jeder einzelne von uns, sich aufgefordert fühlt, dogmatische Sichtweisen aufzudecken und das Alte sterben zu lassen. Sind wir dazu bereit, wird sich Offenheit und Klarheit in allen Bereichen unseres Erdendaseins einstellen.

Das würde bedeuten, Befreiung der Menschen von ihren Abhängigkeiten und Ängsten. Damit schlagen wir einen

Weg ein hin zur Freude, zur Selbstverwirklichung und zum Frieden in uns und in der Welt.

Genießen wir den Augenblick, tanzen wir mit der Leichtigkeit einer Feder von einem zum anderen und fühlen uns frei!

So können wir unsere unbegrenzten Möglichkeiten leben und unser ganzes Potenzial entfalten. Alles wird zur Freude und zu einem Tanz des Lebens voller Ekstase im Miteinander.

Alles was ist, wie groß und gut es sei,
besteht eine Zeit, erfüllt seine Zwecke
und geht vorbei.
(Franz von Assisi)

Meditation,
sich einlassen auf das, was ist

Wir brauchen keine Angst zu haben,
dass wir, wenn wir uns öffnen,
bei uns einen schrecklichen Defekt
oder ein schreckliches Geheimnis entdecken
(Chögyam Trungpa)

Zunächst kurz ein paar Worte darüber, was Meditation nicht ist, um ein Verständnis dafür zu bekommen, warum es manchmal nicht gelingt. Ein Misslingen, das leider allzu oft zur Aufgabe des Gewollten führt.

Der Grund dafür sind meistens die Erwartungen, die wir mit der Vorstellung von Meditation verbinden. Erwartungen eines Gewinns, eines Zustandes von Zufriedenheit, Freude, Glück und Liebe. Jedes Mittel, das uns verspricht, das zu erreichen, ist uns recht. Wir hoffen, die innere Schwere in die Leichtigkeit einer Feder, die tanzend durch die Lüfte schwebt, zu verwandeln.

Gelingt das nicht nach relativ kurzer Zeit, suchen wir nach der nächsten Technik, die uns erlösen soll. Am liebsten wäre es uns, den ganzen inneren Mist in eine Mülltonne zu stopfen und zu beobachten, wie das Müllauto alles mitnimmt. Weg damit!

Diese Erwartung hat jedoch nichts mit Meditation zu tun.

Meditation ist kein Mittel, um etwas los zu werden, sie ist im Gegenteil ein Mittel, um etwas zu finden. Suchen wir allerdings im Außen und knüpfen unsere Meditation an Bedingungen, ist es schon keine mehr, auch wenn wir noch so versunken auf dem Kissen sitzen.

Die Wahrheit ist, wir schlafen dann, während wir glauben zu meditieren. Dagegen kann das ganze Leben, jede Stimmung, jede Situation, überall und nicht nur auf unserem Kissen, immer mehr zur Meditation werden je bewusster wir sind.

Was also ist nun der Sinn und Zweck von Meditation? Zunächst einmal: Es gibt viele verschiedene Wege und Techniken. Aber es gibt keine Meditationsform, die sinnlos wäre, wenn ich mir durch sie meiner bewusst werde und ich sie als hilfreich empfinde. Meditation ist ein Prozess, sich selber immer mehr und besser kennenzulernen. Ich möchte die verschiedenen Formen und Möglichkeiten der Meditation auf vier Pfeiler stellen, die nach meiner Erfahrung unentbehrlich sind, um Erfolg zu haben.

Erster Pfeiler, die Motivation

Es ist wichtig eine Motivation zu haben und mir bewusst zu werden, warum und wofür ich das tue. Meditation ist ein Weg, mich selber kennenzulernen in all meinen selbst erschaffenen Mustern und Konditionierungen und in deren Gedankenwelt wir uns so gerne verstricken. Herauszutreten aus der Dunkelheit ins Licht. Egal, wie lange die Dunkelheit gedauert hat, wenn die Illusion des Getrenntseins sich auflöst, sehen wir die wahren Ursachen hinter all den Rollen und Dramen des Alltags. Es geht darum, sie zu erkennen, nicht länger daran festzuhalten, sondern sich ihnen zu öffnen.

Bereit zu sein, dem eigenen Leid zu begegnen, das immer wieder aufzutauchen scheint. Nach der Ursache dessen zu forschen und wieder mit mir in Verbindung zu treten. Ein Bemühen, nicht nur zu meinem eigenen Wohl, sondern auch zum Wohl der anderen.

Es führt heraus aus dem gefühlten Getrenntsein, hin zu Glück und Frieden in mir, ohne Anhaftung und Vorurteile, sondern durch die Kraft der Hingabe. Ein Glück, das nicht außerhalb zu finden ist.

Es geht darum, sich die Fragen zu stellen: «Bin ich bereit, aus den Lebenssituationen, die mir begegnen und mir womöglich beschwerlich erscheinen, zu lernen? Bin ich wirklich bereit, mich für all meine Fragen zu öffnen? Bin ich bereit, Herz und Verstand zusammen zu bringen und Mitgefühl zu entwickeln für mich und für andere?»

Nochmal gesagt, Meditation ist kein Mittel, um etwas los zu werden, sie ist vielmehr ein Mittel, um etwas zu finden, zu entdecken und schließlich zu verstehen. Mich zu finden in der uns allen innewohnenden Gleichheit. Mit der Motivation, die lauten könnte: «Ich bin bereit, mich zu erinnern, möchte mich erinnern an die Ursprünglichkeit dessen, was ich bin. Ich bin bereit, hinter die Fassade der Illusionen zu schauen, um einzutreten in die Weisheit der Wirklichkeit, in den zeitlosen Tanz des Lebens.

Die stille Meditation beginnt erst einmal damit, dass wir uns eine Umgebung schaffen, die uns inspiriert und unser Wollen unterstützt. Einen Ort, der durch seine Wärme und Gemütlichkeit an den eigenen inneren Raum erinnert. Ein Raum, der uns zur Ruhe kommen lässt, um möglichst unabgelenkt zur Klarheit in uns zu finden. Wir fordern uns damit selbst auf, unbeirrt unseren Weg zu gehen.

Wir beginnen, indem wir unseren eigenen Atem wahrnehmen. Fühlen und spüren wir den eigenen Atem, dann sind wir auch bei uns.

So sitzen wir in Stille mit uns.

In diesem Raum der Stille können wir all unsere Gedanken bewusst kennenlernen. Wir werden sozusagen zum Beobachter der eigenen Gedanken. Mehr und mehr werden wir uns dieser Gedankenströme, die in uns ablaufen, bewusst.

Wir wollen nichts loswerden, wir wollen nur erkennen. Wir betrachten lediglich dieses ungestüme Feuerwerk der Gedanken in uns. Das beinahe unaufhörliche Geschwätz in unserem Kopf.

Wenn wir unsere Gedanken so beobachten, sie infrage stellen, gelangen wir allmählich zu der Einsicht, dass das Denken, Planen und sich Erinnern zwar ein wichtiger Bestandteil in unserem Leben ist, doch gleichzeitig können wir erkennen, dass sie viel weniger bedeutsam sind, als wir glauben. Unsere Gedanken sind viel flüchtiger, auch einseitiger, als wir es wahr haben wollen. Doch in den meisten Fällen glauben wir, was wir denken.

Dabei geht es nicht darum, keine Gedanken mehr zu haben, denn das ist unmöglich. Es ist die Natur von uns Menschen, zu denken. Es geht vielmehr darum, sie sich bewusst zu machen. Sich dieser seiner Gedanken gewahr zu werden. Gedanken, die womöglich leidvolle Gefühle auslösen, ohne dass wir es bemerken, weil der Gedankenstrom aus Gewohnheit weiter rattert und als Folge sich immer noch mehr Leid ansammeln kann. Deshalb ist es wichtig, unsere Gedanken immer wieder infrage zu stellen, zu fragen, ob das, was wir glauben wirklich die Wahrheit, die Realität, ist.

Wir können dann erkennen, wie viele Anhaftungen und Fixierungen unser Leben beeinflussen. Doch egal, wie sehr wir auch von unseren Sichtweisen überzeugt sein mögen, es gibt immer auch andere Perspektiven. In der Stille der Meditation wird allmählich die Substanzlosigkeit der Gedanken deutlich. Sie kommen und gehen, lösen sich auf, wie Seifenblasen im Wind.

Auf diese Weise also studieren wir uns selbst.

Ein Studium, in dem uns auffallen wird, dass unsere Gedanken, aufgereiht wie auf einer Perlenschnur, kommen und gehen. Gedanken über Situationen, die längst vergangen sind, oder in Zukunft so wahrscheinlich nie stattfinden werden.

Nichts von dem ist im Hier und Jetzt. Es sind lediglich Gedanken und sonst nichts. Gedanken, die wir vorbeiziehen lassen können, ohne den Versuch, sie festzuhalten. Wie Wolken am Himmel, die vorbeiziehen und man wieder den klaren blauen Himmel sieht.

So werden auch wir klarer und klarer. Es ist eine Klarheit, eine Selbsttranszendenz, die uns zu neuen Perspektiven und Entscheidungen führen kann.

Stille Meditation bedeutet also, sich gestatten, einfach nur zu sein. Sie ist ein Schauen, Sehen und Seinlassen, das uns zur inneren Freiheit führt. Es ist ein Innehalten, um unmittelbar zu entdecken, wer oder was ich bin.

Unabgelenkt sitzen wir nun mit dem was ist, ohne Anhaftung. Nach und nach lassen wir alles fahren - die Suche, das Verleugnen, die Ablehnung, das Anklammern. Wir lassen alles los und ruhen einfach in der Wahrheit unseres Seins.

Wir werden mitfühlend aus unserem Herzen heraus. Weil wir erkennen, Gedanken können trennen, aber das Herz verbindet. Dann sind wir nicht mehr bereit, an unseren festgebackenen Gedankenkonzepten kleben zu bleiben. Wir transformieren sie zu ›klebstofffreien‹ Gedanken.

Wir lassen sie einfach sein und verstricken uns nicht mehr darin. Wir sind uns nur ihrer bewusst und werden ihrer gewahr.

In dem Wort Bewusstsein steckt Wissen, in Gewahrsein Wahrheit. Wir wissen nun die Wahrheit über unsere Gedanken, die wir weiter ohne Bewertung still betrachten. Sie dürfen sein, aber wir tauchen nicht mehr hinein und machen nicht immer noch mehr daraus.

Wir ruhen in unserem Herzen mit ihnen, im stillen Verweilen, voller Annahme. Wir greifen nicht mehr nach ihnen, wir nehmen sie einfach nur an. Nehmen sie an als das, was sie sind, nur Gedanken über Gedanken über Gedanken, im ewigen Kommen und Gehen. Sonst nichts.

Genauso verfahren wir während der stillen Meditation mit unseren Stimmungen und Gefühlen. Wenn wir es schaffen, sie einfach nur zu betrachten, auch wenn wir unglücklich sind, wütend oder bekümmert, erkennen wir, dass sie nur wie Seifenblasen sind, die kommen und gehen. Sie entstehen, existieren eine Zeit lang und vergehen wieder.

Natürlich ist das keine leichte Übung, aber sie lohnt sich. Alle Stimmungen, alle Gemütsregungen, ganz besonders die so genannten negativen Gefühle, alles was wir bereit sind, wirklich anzuschauen, weist auf dieselbe Quelle hin: Das strahlende Bewusstsein in uns, welches die Wahrheit ist.

Sie sagt uns, dass wir weder unser Name sind, noch unser Körper, weder unsere Gefühle und auch nicht unsere Gedanken.

Man braucht also keine schlechten Stimmungen zu fürchten oder um jeden Preis zu vermeiden suchen. Wie sie kommen, vergehen sie auch wieder. Unser strahlendes Bewusstsein dagegen kommt nicht und geht nicht. Es ist immer Hier und Jetzt. Es kennt keine Zeit und ist immer für uns da.

Es liegt an uns, danach zu suchen in der Meditation. Dabei ist uns die Wahrheit, das, was wir wirklich sind, näher als unsere Gedanken, näher als das Klopfen unseres Herzens, näher als der Atem.

Wenn wir aber unsere Gedanken und Vorstellungen für absolut wirklich halten, wenn wir in ihnen die Grundlage unserer Wirklichkeit sehen, entgeht uns ständig das Nächstliegende, welches uns die ganze Zeit ständig ruft.

Es lädt uns ein, im Hier und Jetzt zu sein, in diesem Moment.

Dieses Jetzt in die Zukunft zu verschieben würde bedeuten, das Leben zu verpassen. Lasst uns deshalb lieber erwachen aus dem Traum und einen Weg beschreiten hin zu einem klaren Blick.

Über die Meditation finden wir immer die Möglichkeit, uns im Gewahrsein zu üben und dem Hier und Jetzt Raum zu geben.

Wenn wir bereit sind aufzuhören, uns selbst zu übergehen und stattdessen still zu werden, wenigstens für einen kleinen Augenblick all unsere Illusionen über uns und das Leben loszulassen, wenn wir bereit sind, aufzuhören, irgendwo da draußen etwas zu suchen, was dort nicht zu finden ist, offenbart sich unsere wahre Natur.

Dann werden wir auch erkennen, dass es nur unser konditionierter Geist ist, der uns verführt, allen Arten von Wunschobjekten hinterher zu jagen, verbunden mit der Hoffnung, so endlich ein Hochgefühl zu empfinden.

In der stillen Meditation können wir uns durch bewusstes Erkennen unserer Gedanken den ›Denker‹ wieder untertan machen.

Denn wie es schon in den alten Weisheitslehren heißt, «Denke mit einem positiven Geist und Glück wird dir folgen, denn wir sind, was wir denken.»

Es ist also gut, bereit zu sein, durch Meditation einen Grundstein zur Selbsterforschung zu legen. Das bringt Licht in unseren Keller, wo, bildlich gesprochen, verfaulte Kartoffeln liegen, dessen Gärgase durchs ganze Haus ziehen.

Unsere Nachforschungen könnten die Tür zum Keller öffnen, all die alten. matschig gewordenen Kartoffeln nach draußen bringen, wo sich die stinkenden Gase verflüchtigen können. Auf diese Weise könnten wir auch entdecken, warum es uns manchmal sowohl körperlich als auch geistig so schlecht geht.

Durch Meditation kommt der Geist immer mehr zur Ruhe, ohne sich erneut Bilder über die Zukunft auszumalen oder neue Überlebensstrategien zu entwickeln.

Wenn also all diese Denkaktivitäten darüber, wer wir sind, oder was wir zum Glücklich sein brauchen, langsam immer mehr aufhören, entsteht zwischen den Gedanken eine Lücke, in die wir eintreten können.

Begeben wir uns in diese Lücke, ist da nur noch Stille, ohne jede Selbstdefinition. In dieser Stille finden wir die Wahrheit, wer wir wirklich sind.

Die Wahrheit unseres Selbst liegt hinter all unseren Spekulationen und Überzeugungen in dem leeren Raum zwischen den Gedanken. Dort sind wir frei, dort sind wir ganz, dort sind wir zeit-und endlos. Es ist ein Ruhen im grenzenlosen Frieden unseres wahren Wesens, das schon da war, bevor sich unser erster Ich-Gedanke erhob.

Meditation ist also ein Weg, die Geschichten über mich, dich, ihn, sie, es, fallen zu lassen und zu erfahren, was es bedeutet, wahrhaft zu sein und immer klarer zu erkennen, wer wir sind. Dann sind wir Meister unserer Gedanken und ihrer Wege.

Es ist wirklich der Mühe wert, sich offen und ehrlich zu fragen: «Wie geht meine Geschichte?» Wie immer auch unsere Antwort ausfallen mag, es ist nichts als eine Geschichte. Sie ist nicht richtig, sie ist nicht falsch, sie ist lediglich nicht wirklich.

Wenn wir jetzt die stille Meditation erweitern, können wir uns darin üben, einen Teil unserer Aufmerksamkeit ins Außen zu richten. Das heißt, auch wahrzunehmen, was um uns herum passiert. Auch hier ohne Bewertung oder Anhaftung.

Wir können dabei einer schönen Musik lauschen oder auch nur Geräusche wahrnehmen oder eine schöne Blume bewusst betrachten. Ruhig wie eine Kerze, die sowohl still ist, als auch hell.

Die Aufmerksamkeit während der stillen Meditation sollte zu einem Drittel auf dem Atem liegen, einem weiteren Drittel auf dem bewussten Gewahrsein unseres Selbst und ein dritter Teil im Außen. Wir sind also bei der Meditation ganz wach, sowohl im Innen wie im Außen.

Auch Yoga oder Qi Gong und vieles mehr ist stille Meditation, allerdings in Bewegung. Ebenso ein einfacher Spaziergang in inspirierender Umgebung, bei dem wir schweigen und uns bewusst im Innen wie im Außen wahrnehmen.

Sind wir also bereit, all die Kopflasst und die rumorenden Geschichten in uns fallen zu lassen, entwickeln wir die Sprache des Herzens, die Mitgefühl heißt.

In der stillen Meditation, im Innehalten, geben wir uns die Möglichkeit dorthin zu gelangen, voller Bewusstheit, ruhend im Selbst.

Lasst uns also die Stille zwischen und hinter den Worten nutzen. Denn zwischen zwei Gedanken gibt es immer eine Lücke, einen Raum, wie auch zwischen zwei Atemzügen. Vergrößern wir diese Lücke, machen wir den Raum weiter und weiter und tauchen schließlich ein in eine andere Dimension.

In dieser Dimension sind wir befreit von den einengenden Überzeugungen unseres Denkers und sind wahrhaft frei.

Dritter Pfeiler, geführte Meditation

Geführte Meditation ist eine andere Methode, sich zu transformieren, um an unsere verschütteten Gefühle und Emotionen zu kommen. Geführte Meditationen können uns zurück versetzen in vergangene Situationen.

Sie dienen dazu, aufzuspüren, was uns geprägt hat. Situationen, in denen wir womöglich die Entscheidung getroffen haben, etwas nicht mehr fühlen zu wollen. Manchmal finden wir da verborgene Schwüre und Eide, die uns bis heute das Leben schwer machen, ohne dass wir uns ihrer bewusst sind. Dennoch handeln wir danach.

Diese Art von Meditation hilft uns, in die Bereitschaft zu gehen, diese Gefühle wieder bejahend mit dem Herzen fühlen zu wollen. Dadurch werden sie transparent.

In dieser Transparenz können wir sie durch Annahme verwandeln. Bildlich gesprochen, umarmen wir uns dabei selbst.

Alle sichtbar gemachte Schwüre, Eide und unsere abgeschnittenen Gefühle können sich in sich selbst auflösen. Wir bringen Licht in die Dunkelheit durch Annahme, wie eine Taschenlampe, die alles erleuchtet. Jetzt haben wir die Wahl, neue Entscheidungen treffen. Entscheidungen, die uns das Leben leichter machen können.

Es gibt aber auch geführte Meditationen, die uns an Dinge oder Augenblicke erinnern, die wir in unserem geschäftigen Alltag vielleicht vergessen haben zu genießen und uns von ihnen berühren zu lassen.

Wir erinnern uns vielleicht wieder voller Bewusstheit daran, den schönen Sonnenuntergang in Ruhe zu betrachten, ein herrliches Essen zu genießen, die Menschen um uns herum mit dem Herzen wahrzunehmen und vieles mehr.

Auch viele Gebete oder ein inspirierender Gesang, eine schamanische Reise, ein Trommelritual und vieles mehr sind in gewisser Weise geführte Meditationen. Egal für welche Meditation wir uns entscheiden, bringt sie Licht in unsere dunklen Räume, wo so manches verborgen schlummert und darauf wartet, neu entdeckt zu werden, befinden wir uns auf dem Weg zu unserem Selbst, zu unserer wahren Natur.

Vierter Pfeiler, das Leben ist Meditation

Durch all die vorangegangenen Bewusstseinsübungen können wir unsere Präsenz im Hier und Jetzt in alles bringen, was wir tun. Durch die gewonnene, besser gesagt die wiedergefundene Harmonie in uns, strahlt das Innen nach außen.

Wir haben wieder Vertrauen ins Leben, Vertrauen in unser Handeln und Tun. Das stärkt nicht nur unsere Intuition sondern auch unsere medialen Fähigkeiten. Es ist ein Empfangen der Weisheit des Lebens. Da ist kein Kampf mehr, um irgendetwas festzuhalten, weil uns bewusst geworden ist, dass nichts festzuhalten ist, sondern alles vergeht, wie Luftspiegelungen oder wie ein Traum.

Wir schwingen mit den vibrierenden Impulsen der Gegenwart und trennen uns nicht mehr davon. Wir haben uns entschieden, aus dem Herzen zu leben, sind vertrauensvoll, mutig und geduldig, weil wir wissen, das Leben entfaltet sich einfach von Augenblick zu Augenblick.

Alles was wir jetzt tun, entsteht in dieser Präsenz. Egal ob wir gerade Kaffee trinken, die Toilette putzen, unserem Beruf nachgehen, anderen Menschen begegnen oder Hand in Hand mit unserem Partner einen Spaziergang in der Natur machen. Ja, sogar wenn wir Meinungsverschiedenheiten haben und darüber streiten, tun wir es bewusst. Wir sind bei und mit dem, was gerade ist.

Das Vertrauen zum Leben trägt uns nun überall hin, wo es gut und richtig für uns ist.

Obwohl der Urgrund unseres Seins leer zu sein scheint, ist er in Wirklichkeit voller Möglichkeiten. So haben wir alle, jeder einzelne von uns, die Möglichkeit, daraus zu schöpfen. Wir werden Eins mit uns und gleichzeitig mit Allem. Wir umarmen den Frieden, der die ganze Welt in die Schwingung der Liebe versetzen kann. Wir stehen wieder in Verbindung mit Gott, Erde und Mensch und fühlen uns dabei unendlich frei.

Niemand braucht etwas zu fürchten, wenn er sich für sich entscheidet. Jedes bewusst gelebtes Leben ist eine Entdeckungsreise. Egal wo wir ankommen, die Reise an sich ist das Wichtigste. Wir bekommen Unterricht vom Leben, ganz gleich, wo wir gerade sind.

Das alles hört sich zwar einfach an, ist es im Grunde ja auch, aber manchmal dauert es lange, bis wir das Ziel erreichen. Was wir brauchen ist Geduld, Ausdauer, Mut und die Bereitschaft, immer wieder aufs Neue zu üben.

Was immer uns auch begegnen mag, lasst uns bereit sein, dem Leben weise zu begegnen.

Eine kleine Meditation oder auch ein Gebet

Ich bin bereit

Ich bin bereit, meine menschliche Form anzuerkennen,
sie zu lieben wie sie ist.
Ich bin bereit, all meine Begabungen zu entdecken,
um sie der Welt zu schenken.
Ich bin bereit, mein Licht in die Dunkelheit zu halten.
Ich bin bereit, mein Herz zu öffnen für alles, was sich zeigt.
Ich bin bereit, mich wieder mit allem und jedem zu verbinden.
Ich bin bereit, meinen Weg zu gehen hin zum Sein.
Ich bin bereit, Mitgefühl zu sein, das alles durchdringt.
Ich bin bereit, die Weisheit des Lebens zu erkennen.
Ich bin bereit, das Leben zu spüren, wo immer ich auch bin.
Ich bin bereit, darin sowohl das Schwierige,
als auch das Leichte in Liebe zu meistern.
Ich bin bereit, die Liebe zu leben.
Ich bin bereit
Ich bin

Unsere Gefühle verstehen
und so Frieden finden

Voller Hingabe gebe ich mich bewusst
meinen Gefühlen hin,
lasse sie weiterziehen,
wenn die Zeit gekommen ist
und wende mich dem neuen Augenblick zu

Anhand der folgenden Grafik möchte ich etwas intensiver darauf eingehen, wie Gefühle entstehen und sie unser Leben beeinflussen.

Wir erkennen sieben Energiepunkte oder Chakren, wie sie in der alten Weisheitssprache Sanskrit heißen. Die drei oberen Zentren beherbergen den Geist, die Gedanken und die Sprache. Es ist der Bereich unseres Gottesbewusstseins. Er steht in Verbindung mit den drei unteren Chakren, dem Zentrum für Macht, für die Emotionen und für das Vertrauen. Diese drei Zentren sind der Bereich unseres Erdenbewusstseins.

Das unterste Energiezentrum beherbergt unser Urvertrauen. Befindet es sich im Gleichgewicht, empfinden wir Sicherheit und Stabilität und sind voller Kraft und Lebensenergie. Wir stehen sozusagen mit beiden Beinen sicher am Boden. Deshalb nennt man es auch das Wurzelchakra. Fällt es dagegen ins Ungleichgewicht, überfällt uns oft Nervosität und Unsicherheit. Der unterste Energiepunkt steht in Verbindung mit dem Obersten, dem sogenannten Kronenchakra, dem Geist.

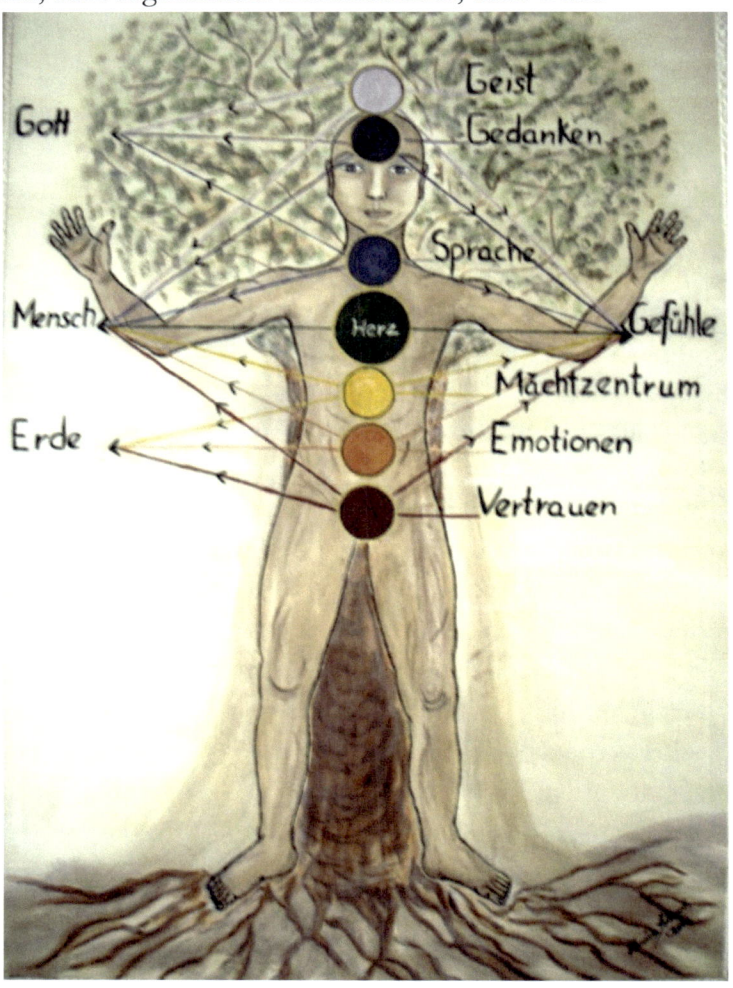

Dieses Energiezentrum beherbergt den Zugang zum kosmischen Bewusstsein, dem Gefühl der Ganzheit und der Anbindung an die Schöpfung. Es ist auch der Sitz der Erkenntnisfähigkeit. Ist es im Ungleichgewicht, drückt sich das oft in starren Denk - und Sichtweisen aus.

Das zweite Zentrum von unten, das Sakralchakra, ist der Sitz der Emotionen Angst und Liebe, sowie der Bereitschaft, uns unserer Gefühle bewusst zu werden und sie anzunehmen, wie immer sie auch sein mögen. Ist es im Ungleichgewicht, plagen uns Schuldgefühle, unkontrollierte Gefühlsausbrüche können uns überwältigen und ganz allgemein fühlen wir uns saft- und kraftlos.

Das Sakralchakra steht in Verbindung mit dem mittleren oberen Zentrum, dem Sitz des Denkens und damit all unserer Gedanken. Es ist das so genannte Stirnchakra. Fällt es ins Ungleichgewicht, fühlen wir uns verwirrt, sind chaotisch, vergesslich und engstirnig.

Das dritte untere Zentrum, das Solarplexuschakra, unser Machtzentrum, ist der Sitz unserer Willenskraft, des Selbstvertrauens und des Durchsetzungsvermögen. Es ist verantwortlich für Fürsorge und Beziehungsfähigkeit, sowie unser Bewusstsein für das Kollektiv. Es ist das wärmende Feuer in uns für das Miteinander. Fällt es ins Ungleichgewicht, fühlen wir uns müde, haben Schlaf- und oft auch Magenprobleme.

Dieses Chakra steht in Bezug zur Sprache, dem Halschakra, dem dritten Zentrum von oben, dem Sitz unseres Willens, der Kreativität, Zufriedenheit und Geduld. Es versetzt uns in die Lage, klar und ehrlich zu kommunizieren, voller Verständnis für uns und für alle anderen zu sein und was wir uns vornehmen, setzen wir auch um. Fällt es allerdings ins Ungleichgewicht, sind wir schüchtern, unklar in der Ausdrucksweise, trauen uns nichts zu und belügen uns selbst. Das kann Aggressionen in uns auslösen, die manchmal bis hin zu Depressionen führen.

Die drei oberen Zentren steigen ab, während die unteren drei aufsteigen. Sie treffen sich in der Mitte, im Herz- oder Liebeszentrum. Dieser Bereich ist somit die Verbindung von irdischer und spiritueller Energie. Sie manifestiert sich in Mitgefühl, Freundlichkeit, Güte, Harmonie, Selbstliebe, Barmherzigkeit und Hingabe. Ist die Verbindung von unten und oben allerdings nicht ausgewogen, sind die Chakren nicht im Gleichgewicht, bleiben wir kühl, distanziert, verbittert und fühlen uns einsam, oder aber wir überschütten andere mit unserer dann alles andere als bedingungslosen Liebe und riskieren, sie dabei zu ersticken.

Alles trifft sich also in der Mitte, dem Herzchakra, und verdichtet sich zu unseren Gefühlen, aus denen heraus wir handeln und unser Leben gestalten.

Das bedeutet, zwischen oben und unten stehen wir als menschliche Wesen, wir sind sozusagen die Mitte von allem. Deshalb heißt es auch, «finde deine Mitte» oder «ich bin aus meiner Mitte gefallen.»

Die Grafik zeigt, wie sich dieses Prinzip in einem Baum widerspiegelt. Die oberen drei Zentren sind dann die

Krone, die unteren drei die Wurzeln und in der Mitte ist der Stamm, das Herz des Baumes.

Der Stamm bekommt aus den Wurzeln seine Nahrung, die als Saft nach oben steigt. Die Energie der Sonne wird von den Blättern aufgenommen und in nahrhaften Saft umgewandelt, der ebenso zum Gedeihen des Baumes beiträgt und den Stamm immer kräftiger und stärker werden lässt.

Und wenn im Herbst die Blätter vom Baum fallen, werden sie den Baum weiter nähren, indem sie über die Erde durch die Wurzeln wieder in den Stamm aufsteigen.

So ist alles miteinander verbunden, im Großen wie im Kleinen, der Kosmos, du und ich, Himmel und Erde, aber auch unsere Gedanken und Emotionen.

Doch in dem Moment, wo wir begonnen haben, die Dinge zu trennen, in gut und böse, schön und hässlich, in «das will ich und das nicht», macht sich auch in uns das Gefühl breit, von allem getrennt zu sein.

Und solange wir den illusionären Charakter dieser Sichtweise nicht erkennen, suchen wir den Grund für all unsere Probleme meistens im Außen, statt die Verantwortung für unsere selbst erschaffene Realität zu übernehmen.

Nicht selten führt dann das Gefühl des Getrenntseins zu Vereinsamung, Verzweiflung und ist oft die Ursache für so manches Suchtverhalten.

Wenn wir dagegen anfangen, zu verstehen, wie alles miteinander in Verbindung steht, finden wir auch wieder zurück zu der Verbundenheit, die uns einen unbegrenzten Raum an Freiheit schenkt und sich durch ungeteilte Freude an unserem Sein zeigt. Denn der Sinn des Lebens ist es, unter anderem, glücklich zu sein.

Anhand der Grafik erkennt man, wie unsere Gedanken mit den Emotionen in Verbindung stehen und sich in der Vereinigung als Gefühle offenbaren, die dann unser Leben prägen.

Haben wir positive Gedanken, ›telefonieren‹ diese mit der Emotion Liebe. Sie treffen sich in der Mitte, dem Herzen, und bringen Gefühle hervor, wie zum Beispiel Zuneigung, Freude, Hingabe, Selbstliebe, Sicherheit oder Zufriedenheit.

Haben wir dagegen negative Gedanken, ›telefonieren‹ diese mit der Emotion Angst und bringen Gefühle hervor, wie zum Beispiel Wut, Eifersucht, Hass, Unsicherheit, Unzufriedenheit oder auch Einsamkeit.

Ebenso bringen alle Gedanken, verbunden mit den Emotionen Angst oder Liebe auch die anderen Energiezentren ins Gleich- oder eben ins Ungleichgewicht.

Wenn wir diesen Zusammenhang verstehen, fällt es uns leichter, wieder unsere Mitte zu finden im Gleichklang zwischen Himmel und Erde.

Wir alle sehnen uns doch stets nach Glück und wollen jegliches Leid vermeiden. Wo aber finden wir dieses ersehnte Glück? Wir finden es nur in uns selbst! Wir jedoch sind damit beschäftigt, es im Außen zu suchen.

Ein wunderbarer buddhistischer Lehrer, Sogyal Rinpoche, erklärte es einmal so: «Diese Suche im Außen ist so, als wenn wir unseren Elefanten zuhause lassen, aber im Wald nach seinen Fußspuren suchen.»

Wir wollen zwar glücklich sein, sind aber nicht bereit, uns kennenzulernen, indem wir nach innen schauen, sondern suchen immer weiter im Außen. Letztlich zerstören wir durch unsere Ignoranz das Glück, als sei es unser schlimmster Feind. Dabei hoffen wir natürlich, es endlich zu finden, unser Glück, haben aber gleichzeitig Angst, dass es uns nicht gelingt.

Vieles mehr in unserem Leben basiert auf Hoffnung und Angst. Die Hoffnung auf Glück beinhaltet auch die Angst, Leid zu erfahren, die Hoffnung auf Ruhm die Angst, bedeutungslos zu sein, die Hoffnung auf Lob ist versteckte Angst vor Tadel, die Hoffnung auf Gewinn ist auch die Angst vor Verlust.

Und in letzter Konsequenz leiden wir, denn nichts von dem, was wir erhoffen, selbst wenn es sich erfüllt, ist von Dauer.

So entwickeln sich aus all unseren Erwartungen schließlich Gefühle von Trauer, Wut, Ärger, Minderwertigkeit, Hilflosigkeit und vieles mehr.

Doch wie können wir das ändern? Zunächst sollten wir bereit sein, uns den Dingen zu stellen, sie so zu akzeptieren, wie sie bereits sind. Und wenn wir Innenschau halten, werden wir auch erkennen, dass jede Form von Furcht auf Hoffnung basiert und umgekehrt.

Ist es nicht so, dass, selbst wenn unsere äußeren Umstände gar nicht so schlecht sind, wir genügend Geld besitzen, oder es jemanden gibt, der uns liebt, wir doch oftmals das Gefühl haben, es könnte ja auch noch besser sein?

Es ist diese Unersättlichkeit, die eine der Ursachen für unser Leid ist. Dabei fühlen wir uns körperlich unwohl und geistig eingewickelt in das Leid. Immer mehr knüpfen wir unsere Vorstellung von Glück an Bedingungen, die nicht erfüllt werden können. Und wenn etwas schief läuft, wird es immer schwerer, es zu akzeptieren. Schließlich vergessen wir, dass zu schätzen, was wir tatsächlich haben, unser kostbares Leben.

Wie also können wir aussteigen aus diesem sich endlos drehenden Karussell?

Im Loslassen finden wir den Pfad zur Freiheit. Alles Irdische, so auch unser Leben, unterliegt der Vergänglichkeit. Wäre es nicht so, gäbe es keine Entwicklung, keinen Fortschritt. Sie ist der Preis für unser Dasein.

Eine Uhr, deren Zeiger sich nicht bewegen, ist kaputt, und wenn unser Herz nicht mehr pulsiert, sind wir tot. Es sind die ständigen Veränderungen, die das Leben am Leben erhalten. Sie schenken uns aber auch die Möglichkeit, uns zu ändern, mit all unseren vergeblichen Erwartungen, die wir ins Leben projizieren.

Der Grund, warum wir so intensiv an Dingen hängen, die nicht festzuhalten sind, sind bestimmte Gedanken, die sich mit der Emotion Angst verbinden und so Gefühle verschiedenster Art erzeugen. Am liebsten wollen wir für immer jung bleiben und fürchten deshalb nichts mehr als den Tod.

Sobald wir anfangen, zu akzeptieren, dass Vergänglichkeit die Natur des Lebens ist, offenbart sich Loslassen als ein natürlicher Prozess in unserem Leben. Unsere Anhaftungen werden immer lockerer.

Vergänglichkeit wird dann zu einem Trost, der Frieden und Zuversicht verbreitet und uns den Weg bahnt in die Furchtlosigkeit. Denn wir können den Prozess der Vergänglichkeit nicht aufhalten, weil es ein Naturgesetz ist.

Verbinden sich, wie oben erläutert, Gedanken mit unseren Emotionen und werden zu Gefühlen, unterliegen auch diese der Vergänglichkeit. Sie sind nichts weiter als vorübergehende Erscheinungen, im ständigen Kommen und Gehen.

Die gute Nachricht ist, wir sind machtvolle Wesen, die die Veränderung gewissermaßen verändern und beeinflussen können. Dabei hängt die Richtung von unserer Motivation ab. Sie ist der bestimmende Faktor, denn alles hängt von Umständen ab und die Motivation ist die entscheidende Ursache, die eine entsprechende Wirkung hat.

Die Frage ist nun, wer oder was ist dieses ›Wir‹ eigentlich?

Sind wir tatsächlich all unsere Gefühle und Gedanken und Emotionen? Oder ist dieser Körper das, was wir sind? Zwar halten wir das meistens für unser Selbst, doch alles, was der Vergänglichkeit unterliegt, ist nicht unser Selbst. Es ist lediglich die Form, die unserem Ich die Möglichkeit gibt, sich durch das Leben voller Veränderungen zu bewegen.

Unser Selbst dagegen ist unveränderlich und in seiner Substanz auch unvergänglich.

Das Problem ist, dass wir das nicht so leicht erkennen. Stattdessen greifen wir nach den Gedanken, Emotionen und den daraus entstandenen Gefühlen und halten sie für beständig.

Das sind immer wieder aufs Neue die Momente, wo wir unserem Ego die Herrschaft überlassen und ihm erlauben, unser illusionäres Bild von uns und der Welt zu zementieren.

Doch die Zeit ist reif und sie ruft uns dazu auf, uns bewusst zu werden, wer wir wahrhaft sind.

Die Meditation schenkt uns die Möglichkeit, tief in unser Innerstes einzutauchen, Stück für Stück das Ego von seinem Greifen zu befreien, um schließlich zum reinen Bewusstsein, unserem eigentlichen Zuhause, zurückzukehren.

Das ist das Ziel der Meditation auf höchster Ebene.

Am Anfang ist die Meditation auf eine Methode angewiesen, zum Beispiel, unseren Atem wahrzunehmen, all die Gedanken und Gefühle bewusst zu erkennen und dabei immer weniger nach ihnen zu greifen. Zu erkennen, dass sie vergänglich sind, wie Seifenblasen, im Kommen und im Gehen. Es ist dieses sich gestatten, alles ziehen zu lassen, wie Wolken, die den klaren Himmel freilegen, sobald sie vorbei gezogen sind.

Genauso wird das reine Bewusstsein, der reine Geist, immer mehr befreit von all unseren Geschichten und so befreien wir uns selbst immer mehr aus den Fesseln von Hoffnung und Angst.

Wir werden feststellen, dass dieses reine Bewusstsein immer schon da war als Teil unseres Selbst, es war lediglich verdeckt, wie manchmal die Sonne von den Wolken. Daraus entsteht eine große Einfachheit und Klarheit, eine tiefe Zufriedenheit, Freude und ein erhabenes Gefühl von Glück.

Es lohnt sich also, all unsere Gedanken kennenzulernen und zu sehen, wie sie sich mit Emotionen verbinden und gemeinsam als Gefühle unser Leben steuern. Wir besitzen die Macht, sie zu lenken, und sie immer wieder neu mit der Emotion Liebe in Verbindung zu bringen.

Es ist ein Genuss, sich des Geistes bewusst zu sein, der uns im natürlichen Frieden ruhen lässt. Natürlich haben wir immer noch Gedanken, sonst wären wir ja nicht in der Lage, zu sprechen oder Worte aufs Papier zu bringen. Aber wenn wir jetzt sprechen, sind unsere Worte nicht nur mit unserem Intellekt verbunden, sondern auch mit unserem Herzen.

Wir haben also immer die Möglichkeit, wie ein Flugzeug durch die Wolken unserer Gedanken zu fliegen, um den klaren Himmel, unser reines Bewusstsein, das Selbst, zu erleben.

Das Unglaubliche daran ist, wir sind tatsächlich Herr in unserem Haus, dem Körper, wenn wir zentriert in unserem Selbst ruhen.

Gewiss mögen so manche äußeren Umstände, bis zu einem gewissen Maß, zu unserem Glück oder Leid beitragen, doch letztendlich hängt es von unseren Gedanken ab, wie wir das wahrnehmen, was unsere Sinne unserem Verstand darbringen.

Das bedeutet, sind wir in einem negativen Geisteszustand, werden wir alles negativ wahrnehmen. Selbst ein hilfreiches Wort wird dann als Kritik aufgenommen werden. Fühlen wir uns dagegen innerlich wohl und verbunden mit unserem Selbst, beurteilen wir jede Situation so wie sie ist und reagieren wahrscheinlich richtig.

Abraham Lincoln hat einmal gesagt: «Man kann es zwar manchmal allen recht machen, aber man kann es nicht immer allen recht machen.»

Dennoch, solange wir auf dieser Welt sind, sollten wir versuchen, mit unseren Mitmenschen harmonisch zusammenzuleben. Sind wir mit uns in Kontakt, mit unserem Selbst und fühlen uns wohl in der eigenen Haut, dann geht es uns auch gut mit anderen, dem Partner, Kollegen am Arbeitsplatz, mit Freunden, weil wir echt sind und nicht mehr ständig die Rollen wechseln. Wir sind aufrichtig und authentisch, wir tun das, was wir sagen und sagen das, was wir tun.

Wenn man meditiert, geht es auch darum, unser illusionäres Bild von uns und unserer Umwelt aufzulösen. Dafür finden wir wahre Liebe, wahres Mitgefühl und Vertrauen zu uns und unseren Mitmenschen.

Je stabiler wir in dieser für uns zunächst ungewohnten Sicht werden, desto mehr entmachten wir das Ego und lassen es Diener sein, der uns hilft, das Wissen der Welt intellektuell zu verstehen.

Es geht dabei nicht darum, Ich-los zu werden, es geht vielmehr darum, das Ich mit unserem Selbst zu versöhnen, um während unseres Erdendaseins glücklich zu sein. Der ständige lebendige Kontakt mit unserem Selbst ermöglicht uns, die Vergangenheit zu verstehen, zu würdigen und somit zu heilen. Wir können uns dann weise auf die Zukunft vorbereiten, ohne Erwartungen, sondern sie Schritt für Schritt erfahren, wenn sie in das Jetzt eintaucht.

Doch Achtung, es besteht die Gefahr, dass wir dann voller Freude am Leben teilnehmen und immer glücklicher werden.

Was nämlich nach außen strahlt, wenn wir in unserem Selbst, unserem inneren Licht ruhen, sind Liebe, Freude, Hingabe, Mitgefühl und eine große Portion Humor.

Wenn wir diese unsere Lichtigkeit in uns entdeckt haben, finden wir unseren inneren Lehrer. Er ist es, der uns durchs Leben führt. Lassen wir uns von ihm führen, sind wir von nichts mehr getrennt. Wir handeln aus unserem Bauch heraus und fühlen uns sicher, klar und zuversichtlich. Wir sind dann König/Königin in unserem Reich ›Ich-Bin‹.

Mein tiefster Wunsch ist es, dass wir alle dieses Reich in uns entdecken mögen. Freude soll sprudeln und ihre ansteckende Wirkung entfalten. Wenn wir alle so leben könnten, würde Friede in der Welt einkehren.

Aber jeder von uns muss das selbst entdecken und bereit sein, den Weg dahin zu gehen. Den Weg hin zur Mitte von allem, was geschieht. In dieser Mitte sind wir

Mensch zwischen Gott und Erde. Gott, Erde, Mensch ist das Dreieck, die Dreifaltigkeit, in der alles geschieht. Darum ist es auch möglich, im geglaubten Unfrieden den Frieden zu bewahren, stehend auf einem Urgrund, der nur aus Liebe besteht.

Auch wenn wir es oftmals nicht bemerken, wir haben bereits den Himmel auf Erden und wir sind die Zeugen des Wunders darin.

Ich fühle mich frei

Als ich anfing,
all meine Ängste zu betrachten,
war dort eine Menge von Gefühlen und Vorstellungen.
Ich war verloren auf der Suche nach etwas,
das keinen Namen zu tragen schien.

Was ich erst mal fand,
war ein unruhiger Geist,
der bemüht war, alles zu trennen,
in Kategorien zu schieben und zu kontrollieren.

Doch je mehr ich anfing, inne zu halten,
entdeckte ich eine Lücke zwischen den Gedanken,
in die ich mich entschied, einzutauchen.

Ich betrat einen Raum voller Stille,
der sich ausbreitete in grenzenloser Weite,
die keine Zeit mehr kannte.

Meines Selbst bewusst,
wurde ich zu einem Beobachter,
der sich des Innen wie des Außen gewahr ist.
Ein Innen von reinem Bewusstsein,
eingetaucht in einen Urgrund voller Liebe,
getragen von grenzenlosem Frieden.

Von dort aus erkannte ich die ständige Veränderung
der Gedanken und Emotionen,
all die Ängste und Hoffnungen,
Erfahrungen und Erinnerungen,
etwas, das mir viel Kraft und Energie raubte.

Es war mein Ego,
in der Ausübung seines Lieblingsspiels.
Es will mich beherrschen,
mich gefangen und gefesselt halten,
und ich gab ihm seine Nahrung:
Meine Ängste und Hoffnungen.

Das gab dem Ego Kraft, mir vorzugaukeln,
was ich ständig suchte und suchte und suchte
sei nur im Außen zu finden.
Es hielt mich im Kreislauf von Verlangen und Begierde.

Mein Ego will beherrschen,
voneinander trennen was zusammen gehört,
will, aufgeplustert,
den Stab der Führung in seiner Hand
vehement verleugnen den Urgrund dessen,
auf dem ich bereits stand.

Es wurde Zeit,
mein Ego wieder Diener sein zu lassen,
um in meiner menschlichen Form
das gewöhnliche Wissen der Welt zu erfassen,
während das, was ich wirklich bin,
ein Licht voller Erkenntnisfähigkeit,
alle Mauern von Begrenzung zu brechen beginnt.

Jetzt können sich im großen Ozean des Lebens
Wellen mal sanft mal heftig erheben,
sie kehren stets zu dem zurück was sie sind,
ein Ozean von reinem Bewusstsein.

Was bleibt?
Ich-bin selbst-bewusst.
Erkenne die Fülle an Möglichkeiten,
ohne Trennung und Grenzen,
stehend auf dem Urgrund allen Seins, der Liebe.
Bin nun ein Kind der Freiheit,
ruhend in innerem Frieden.

Den Weg der Mitte gehen

Füge zusammen, was zusammen gehört,
lass es sich treffen in der Mitte,
dem Herz von allem, der Liebe.
Lausche dem Gesang der Freude,
der von grenzenloser Freiheit singt
und sich als Regenbogen über die Welt spannt

Alles was sich zeigt, hat auch etwas mit uns zu tun, sei es Freud oder Leid, sei es im Innen oder im Außen. Wer diesen Zusammenhang durchschaut, hat die Chance, in der Wirklichkeit zu erwachen.

Das passiert allerdings nicht von selbst. Es braucht den ehrlichen, aus dem Herzen kommenden Wunsch, den Weg des Erwachens, des sich Bewusstwerdens, gehen zu wollen.

Auf diesem Weg erwarten uns viele Fragen und ohne nachzufragen gibt es keine Antwort. Allerdings liegen alle Antworten bereits tief in uns bereit. Sie hervorzubringen und uns bewusst zu machen, ist Sinn und Zweck unseres Weges. Wenn wir eintauchen in unser Selbst, werden wir irgendwann unserem inneren Lehrer begegnen. Er ist der Führer auf unserem Weg zum Ziel, wobei der Weg das Ziel bereits ist.

Freude wird uns auf dem Weg begleiten und uns die Liebe zeigen, in allem, was erscheint. Egal auf welche Landschaft wir treffen, ob steinig, hügelig, eben, lehmig oder glatt, was auch immer sich uns zeigt, werden Freude und Liebe uns durch alle Erfahrungen tragen, wobei es die Liebe ist, die uns die Wirklichkeit offenbart und ihre Melodie die Freude ist.

Es liegt an uns, ob wir bereit sind, uns berühren zu lassen. Das Zauberwort könnte lauten: «Ich bin bereit, einzutreten in die Mitte von Yin und Yang, von oben und unten, von rechts und links».

Immer verbindet die Mitte zwei Seiten. Sie ist die schaffende Kraft, die vereint, im Gleichgewicht hält und zum großen Ganzen werden lässt. In dieser Mitte ruhend, erkennen wir, wie alles miteinander verbunden ist.

Ein schönes und nachvollziehbares Bild dafür ist der Atem, mit dem ständigen Ein- und Ausatmen. Nur eines davon reicht nicht aus, erst die Verbindung von beidem schenkt uns den Atem des Lebens.

Genauso entstehen Tag und Nacht, Ruhen und Tun, geistige und irdische Welt und in der Mitte von allem, zwischen Himmel und Erde, steht der Mensch.

Wenn wir aufhören können, das eine zu wollen, das andere nicht, sondern den tieferen Sinn der Dualität im Leben erfassen, ruhen wir in der Mitte von allem.

Dann bejahen wir, was immer auch geschieht, weil wir um den Sinn wissen und bereit sind, der Weisheit zu vertrauen, die uns durchs Leben trägt.

Wenn wir bewusst erkennen, dass uns Leid, Schmerz oder Angst aufwühlen, erkennen wir auch, dass es Zeit wird, wieder in Liebe uns zuzuwenden, um in der Mitte von beidem Frieden zu finden.

Es ist wie mit dem elektrischen Strom. Ohne Plus - und Minuspol kein Strom, also keine Energie.

So verbinden wir, bildlich gesprochen, zwei Halbkreise miteinander, die so einen vollen Kreis bilden, der uns Energie, Lebensenergie, schenkt. Bleiben wir an einer Seite haften, fühlen wir uns energielos.

Ganzheit bedeutet also die Annahme von beiden Seiten.

So wie ich im Kapitel ›Ich Mann du Frau, was ist das‹ geschrieben habe. Vereine ich in mir meine männliche mit der weiblichen Seite, fühle ich mich im Gleichgewicht.

Glaubt die Frau allerdings, nur männlich sein zu müssen oder umgekehrt der Mann nur weiblich, legen sich zwei Halbkreise übereinander, die sich nicht ergänzen. So kann kein Verständnis füreinander entstehen, weil jeder einen Teil von sich selbst ablehnt.

In der Folge fühlen beide sich unverstanden und suchen die Schuld im anderen, der die scheinbar fehlende Hälfte ersetzen soll.

Diesen Kreis, die Ganzheit, man könnte auch sagen, die Vollkommenheit in uns zu entdecken, ist die Aufgabe, der wir uns, jeder auf seine Art und Weise, in unserem irdischen Leben stellen dürfen, um schließlich zu erwachen in der Mitte der Wirklichkeit, vereint mit dem Hier und Jetzt.

Voller Dankbarkeit folgen wir dann unserem inneren Lehrer, sind gelehrige Schüler, die sich im Erkennen darin üben, dass alles aus Liebe besteht. Das Gefühl von Getrennt sein existiert dann nicht mehr.

Was bleibt? Eine große Verbundenheit mit allem. Es ist dieses ›Ich bin – mir meines Selbst – bewusst‹.

Können wir uns selbst verstehen, können wir auch die anderen verstehen. Das ist die Brücke, das Band, das zur Gemeinschaft führt. So ist die Mitte von allem der Weg zur Heilung in uns.

Es ist ein stiller Ort voller Frieden, wo man die Tonleiter der Freude hören kann...

Je mehr wir beginnen, überall die Stille, die Mitte zu sehen, umso mehr öffnen wir das Tor zur Freiheit, dass wir dann durchschreiten und eintreten in einen Raum voller Möglichkeiten. Darin entfaltet sich die Schöpferkraft, die uns alle miteinander verbindet.

Wer loslässt, gewinnt

Festzuhalten an dem, was nicht gut tut
lähmt den Gang durchs Leben
und hindert uns daran, uns weiter zu entwickeln

Loslassen beginnt damit, sich zunächst einmal bewusst dafür zu entscheiden, sich von etwas zu verabschieden. Sei es von einem Wunsch, den wir schon lange hegen, sei es von Gedanken, von Be- und Verurteilungen, sei es von Dingen oder auch von Menschen, die uns bislang begleitet haben.

Das bedeutet, bereit zu sein, den Blick nach vorne zu richten und zu akzeptieren, dass vergangene Situationen und Ereignisse bereits geschehen sind, ob sie uns nun gefallen haben oder auch nicht.

Sich Neuem zuzuwenden und das Alte loszulassen kann manchmal ein schmerzhafter Prozess sein. Doch all die Schmerzen können auch so etwas wie Dünger sein, der unser inneres Wachstum und unsere Bewusstwerdung fördert, wenn wir bereit sind, sie so zu sehen.

In wie vielen Lebenssituationen fühlen wir uns unglücklich, hilflos, verlassen und ausgeliefert. Diese Gefühle sind Weckrufe, die uns auffordern, aufzuwachen und genau hinzuschauen. Ignorieren wir die Signale aus unserem Inneren, können sich körperliche Beschwerden bis hin zu Krankheiten entwickeln.

Auch ein Unfall kann so ein Weckruf sein, der uns motivieren will, zu handeln im Hier und Jetzt.

Immer wieder werden wir aufgefordert, Entscheidungen zu treffen und Altes loszulassen. Hören wir nicht auf diese Signale und verharren im Schmerz, der aus der Vergangenheit kommt, kann nichts Neues entstehen.

Doch früher oder später werden die Umstände uns zwingen, etwas zu ändern. Bis dahin müssen wir vertraute, eigentlich längst ausgediente Situationen immer wieder neu durchleiden. Wir laufen solange in die immer wieder gleiche Falle, bis wir sie als solche erkennen. Dann erst sind wir wirklich bereit, loszulassen.

Gewöhnlich assoziieren wir Loslassen mit einem Verlust, viel schwerer fällt es uns, den möglichen Gewinn zu erkennen, der sich daraus ergeben könnte.

Das wichtigste im Loslassen beginnt daher mit der Erkenntnis, dass es nicht bedeuten muss, etwas zu verlieren, sondern es nicht mehr festzuhalten und zu umklammern.

Nichts muss zu Boden fallen, wenn wir die geschlossene Faust öffnen. Zeigt dabei die Handinnenfläche nach oben, kann darin ruhen und getragen werden, was wir vorher gefürchtet haben, zu verlieren.

Oder nehmen wir den Atem. Verbrauchte Luft atmen wir aus und neue, frische Luft atmen wir ein. Bei der Geburt verlassen wir den Mutterleib, meistens mit Anstrengung und unter Schmerzen, um uns dann wieder neu zu orientieren. Am Ende unseres Lebens lassen wir die körperliche Hülle los, um in eine neue, andere Dimension einzutauchen.

Wir sehen, der natürliche Prozess des Lebens ist ein beständiges Spiel zwischen Loslassen und Neubeginn.

Unser Leben fließt unaufhörlich dahin. Stellen wir uns diesem Fluss entgegen und versuchen festzuhalten, was letztlich nicht zu halten ist, erschaffen wir immer wieder aufs Neue das Leiden, dem wir doch eigentlich entfliehen möchten.

Jeder von uns hat ein bestimmtes Bild von sich. Wir definieren uns über das, was wir glauben zu sein. Dieses Bild halten wir für solide, obwohl es das definitiv nicht ist. Wir klammern uns daran, weil es uns scheinbar Sicherheit verleiht, in Wahrheit aber verpassen wir das Neue, das ständig auf uns wartet.

Wenn wir loslassen haben wir die Wahl, es mit Jammern und Zähneknirschen zu tun, oder aber mit einem Lächeln der Erkenntnis, denn wir haben eine Möglichkeit genutzt, auf unserem Weg in Bewegung zu bleiben, weil wir uns bewusst dem anvertraut haben, was ist.

Das ist sicherlich nicht ganz einfach und am Anfang kann es passieren, dass wir uns schlecht fühlen dabei, wenn wir uns von etwas verabschieden, von dem wir bisher geglaubt haben, es unbedingt zu brauchen. Dadurch entsteht eine gefühlte Lücke, die erst noch gefüllt werden will. Doch alles beginnt mit dem ersten Mal, so wie jede Reise mit dem ersten Schritt.

Wenn wir uns mutig ins Abenteuer des Loslassens stürzen, ist es vielleicht ganz hilfreich, inne zu halten und darüber zu reflektieren, was uns bisher davon abgehalten hat.

Stellen wir uns einfach ein paar Fragen, wie zum Beispiel:

Welchen Glauben über mich selbst habe ich in der jeweiligen Situation?
Was habe ich zu ihr beigetragen?
Welche Überzeugung übers Leben hat sich dabei eingeschlichen?
Wovon hält mich die schmerzende Situation ab?
Ist die Situation wirklich so, wie ich sie wahrnehme?
Bringt mir das Festhalten einen Gewinn?

Hilfreich wären auch Fragen wie:

Was hindert mich daran, loszulassen?
Was würde ich gerne ändern?
Was wäre gut daran?
Welche neuen Möglichkeiten würde es mir eröffnen?
Verdiene ich es, glücklich zu sein?

So eine Reflektion über die wahren Motive, die unserem Handeln zu Grunde liegen, ist ungeheuer wichtig. Das ist übrigens einer der Gründe, warum wir uns regelmäßig in Meditation üben sollten.
Während der Meditation können wir ohne schlechtes Gewissen und Leistungsdruck nachspüren, wonach uns wirklich ist, was wir wollen und warum wir es wollen. Dabei will alles Unbehagen, egal welche Situation es aus-

gelöst hat, bewusst gefühlt werden, bevor wir die entsprechenden Umstände loslassen und damit ändern.

Machen wir uns immer wieder bewusst, dass wir durchaus einen Einfluss auf unsere Gefühle haben, wenn wir erst mal erkannt haben, wie sie aus Gedanken und Emotionen entstehen.

Das ist so wie laufen zu lernen. Wir müssen immer wieder hinfallen, bevor wir es endlich können. Jedes Hinfallen spornt uns dabei an, unsere Lauftechnik zu verbessern. Wenn wir uns allerdings vor dem Hinfallen ängstigen, werden wir nur schwer in der Lage sein, uns weiter zu entfalten.

Schieben wir in der Meditation den Vorhang der vordergründigen Argumente für unser Handeln beiseite, werden wir erkennen, dass sich dahinter immer Angst verbirgt. Angst vor Veränderung, Angst vor Verlusten, Angst, nicht geliebt zu werden.

Gehen wir in der meditativen Versenkung immer tiefer, kommen wir in den hellen klaren Raum der Liebe. Betrachte ich mich nun selbst liebevoll, wird der Blick auf alles, was geschieht oder geschehen ist, auch liebevoll.

Die Liebe heilt Wunden, die Liebe ist bereit, loszulassen.

Durch Liebe kommt Veränderung in unser Handeln.

Sie hilft uns ganz besonders dann, wenn es darum geht, loszulassen, was die eigene Familie betrifft.

Durch die emotionale Bindung an die Familie erscheinen unschöne Situationen oft wesentlich schlimmer, als wenn sie von außerhalb gekommen wären.

Nicht selten ist das Beziehungsgeflecht überlagert von vielen, zum Teil alten Geschichten, verkrustet in hierarchischen Strukturen, so dass es schwer fällt, die Familienmitglieder einfach nur als das zu sehen, was sie sind: Menschen, die ihren Weg durchs Leben gehen.

Und solange wir im Vater immer nur den Vater, in den Kindern nur die Kinder, den Geschwistern nur die Geschwister usw. sehen, solange ist Loslassen eine schmerzhafte Aufgabe.

Doch wenn wir bereit sind, uns hinzusetzen und in Ruhe zu reflektieren, sind wir vielleicht in der Lage, Probleme neutraler zu betrachten. Dann können wir klarere Entscheidungen treffen und womöglich anders handeln.

Je mehr wir bereit sind, uns im Loslassen zu üben, umso mehr werden wir auf unserem Weg zu uns selbst bleiben und voran schreiten. Wir werden nichts verlieren, sondern langfristig viel gewinnen: ein Gefühl von Freiheit, mehr Energie und ganz bestimmt mehr Lebensfreude.

Der Impuls zum Loslassen bedeutet auch, dass etwas zur Reife gekommen ist. Es eröffnet uns Möglichkeiten für Neues, das schon auf uns wartet und entdeckt werden will.

Und das Erstaunlichste daran ist, wenn wir bereit sind und offen, wird uns Hilfe zuteil und wir werden spüren, dass wir niemals allein sind.

Dann wird Loslassen zu einem Sich–fallen-lassen im freien Flug mit einer sanften Landung.

Das Karussell

An irgend einem Tag,
ich weiß nicht wann,
stieg ich ein ins Karussell.
Es drehte sich im Kreis so lang
bis ich keinen Schwindel mehr empfand.

Manchmal hielt es an,
doch ich stieg nicht aus.
Es drehte sich immer weiter im Kreis,
hatte keinen Anfang und kein Ende mehr.

Bis eines Tages jemand kam und sagte:
«Steig endlich aus,
du drehst dich nur im Kreis,
ein schlechter Preis.»

Wieder hielt es an,
und diesmal stieg ich aus,
Jetzt spüre ich das Leben aus mir heraus,
das Lächeln der Liebe,
mein pures Sein.

Pack es an
wenn nicht du, wer dann?

Erkenntnis lässt sich nicht von anderen lernen,
sie muss aus dem eigenen Ich hervorgehen
(Dseng Dse, ein Schüler von Konfuzius)

Du hast alles, was du brauchst, um in der Kraft deiner Mitte zu leben und glücklich zu sein.

Die Basis von allem ist Selbstliebe, die uns zu Hingabe, Geduld, Vertrauen, Achtsamkeit, Intuition, Mitgefühl, Vergebung, Dankbarkeit, Mut, Humor und Freude am Sinn des Lebens führt.

Das bedeutet Wachstum und fördert ein erfülltes und glückliches Leben.

Selbstliebe

Wahre Selbstliebe ist möglich, wenn wir uns unseres Selbst bewusst sind. Dann wird sie zum Grundstein für alles.

Finden wir die Liebe in uns, sehen wir sie auch außerhalb. Sie ist eine allumfassende Liebe, die bereit ist, zu lernen und alles zu verwandeln, was uns bisher behindert hat auf dem Weg durchs Leben.

Gelingt uns das, wird Selbstliebe zur Grundlage dafür, auch andere Menschen lieben zu können und schafft somit eine Verbindung zur Welt.

Egoistische Liebe dagegen wäre Wichtigtuerei oder Hochmut, die aus Gefühlen von Minderwertigkeit entsteht.

Selbstliebe entspringt unserem Herzen und führt zu Selbstvertrauen und Selbstbewusstsein. Wir haben Vertrauen in unser Handeln und Tun.

Natürlich ist diese Selbstliebe nicht immer gleich stark und intensiv, sie schwankt, je nach dem, was wir uns über uns selbst erzählen und dem Ego so ein Hintertürchen öffnen. Doch das können wir jederzeit während der Meditation erforschen, ins Bewusstsein holen und uns wieder neu justieren.

Je stabiler unsere Selbstliebe wird, desto mehr schwächt es die Einflüsterungen des Egos. Negative Gedanken und Emotionen nehmen ab, weil wir sie als Leuchtturm erkennen, der uns warnt und zuruft, erinnere dich, wer du wirklich bist.

Wenn wir uns selbst lieben, bekommen wir eine liebevolle Ausstrahlung voller Ausgeglichenheit und innerer Ruhe. Wir fühlen uns ganz einfach wohl in unserer Haut, werden mutig und trauen uns fast alles zu. Selbstliebe ist eine Kraft, die in der Lage ist, zu verstehen, was ist. Sie ist sozusagen der Treibstoff in unserem Leben.

Hingabe

Hingabe öffnet uns und macht uns so fähig, zu empfangen, auch die Liebe anderer Menschen, sowie die universelle Liebe des Lebens. Alles ist in Ordnung, so wie es ist, wenn wir beginnen, uns den Gegebenheiten hinzugeben.

Dabei geben wir uns die Chance, jedem Tag, ja jeden Augenblick, ohne Erwartung neu und frisch zu begegnen. So wird jeder Augenblick der erscheint, ein Akt der Hingabe ans Leben. Tu, was du tust ohne Ablenkung, denn im Hier und Jetzt liegt der Segen, mit dem wir unsere göttliche Natur entfalten können.

Aber es ist wichtig, auch dann bereit dazu zu sein, wenn uns Schwierigkeiten auf unserem Lebensweg begegnen. Herausforderungen sind dann wie Prüfungen, die uns die Möglichkeit bieten, zu wachsen auf unserem Weg. Hingabe lehrt uns zu lieben, wer, wie und was sich auch immer zeigt.

Auf wunderbare Art beschreibt das Byron Kathy in ihrem Buch ›Lieben was ist‹.

Geduld

Geduld ist für uns Menschen oftmals eine große Herausforderung. Immer wieder, schon bei kleinen alltäglichen Dingen werden wir damit konfrontiert. Sei es in der Warteschlange im Supermarkt, in einem Verkehrsstau, im Wartezimmer beim Arzt oder wenn der Freund oder die Freundin sich verspätet.

Immer wieder drängelt uns etwas innerlich, weil wir uns, oftmals aus reiner Gewohnheit, irgendwelche Geschichten ausmalen, nur nicht bei dem sind, was im Hier und Jetzt gerade geschieht. Genau das lässt uns das Warten unendlich lang erscheinen. In Wirklichkeit wäre es eine geschenkte Zeit, die wir bewusst mit uns selber verbringen könnten.

Geduld lehrt uns, zu erkennen, wann es Zeit ist, passiv zu sein, es einfach sein zu lassen wie es ist und wann der Moment des Weitergehens gekommen ist. Geduld sagt uns immer, wann der richtige Zeitpunkt ist. Geduldig sein zu können, schenkt uns darüber hinaus Gelassenheit.

Die Natur macht uns das perfekt vor. Sie wartet immer auf den richtigen Zeitpunkt, weiß, wann es gilt, zu erblühen und wann es gilt, in den Rückzug zu gehen. Sie wartet nicht auf einen festgelegten Tag, sie bewegt sich immer geduldig auf den richtigen Zeitpunkt zu.

Entscheiden wir uns dafür, voller Geduld zu sein, öffnen wir uns damit gleichzeitig der Selbstwahrnehmung. Daraus entsteht Authentizität in der jeweiligen Präsenz des Augenblicks. Und genau dort liegen die Geschenke des Lebens.

Vertrauen

Alles was passiert, geschieht zu unserem Besten, auch wenn es uns manchmal nicht so vorkommt. Gerade die negativ scheinenden Situationen gilt es, voller Vertrauen anzunehmen, so wie sie sich zeigen. Im tiefen Wissen, dass sie einen Sinn haben. Sicher können wir den Sinn nicht immer gleich erkennen, aber zu einem späteren Zeitpunkt wird er bestimmt offenbar. Dieses tiefe Wissen lässt uns das Leben in Gelassenheit begehen.

Je mehr Vertrauen in uns wächst, umso weniger Angst haben wir, Neues zu erforschen. Wir betreten das Unbekannte voller Leichtigkeit, Stabilität und innerer Stärke. Voller Freude stehen wir dem Leben gegenüber und entdecken all die Geschenke, die für uns bereitstehen, vorher jedoch im Nebel der Verblendung nicht sichtbar waren.

An allem, was geschieht, können wir wachsen. Selbst das im Moment als negativ Empfundene trägt einen positiven Aspekt in sich. Auch das ist Dualität.

Vertrauen wir darauf, dass sich dieser Aspekt zur richtigen Zeit offenbart, ist kein Platz mehr für Hoffnung, denn in der Hoffnung schwingt immer auch die Furcht und Sorge mit, dass es nicht so kommt, wie man es sich wünscht. Erkennen wir den Unterschied zwischen Vertrauen und Hoffnung, sehen wir, dass die Hoffnung voller Bedenken auf die illusorische Zukunft zielt, während Vertrauen sich immer im gegenwärtigen Moment abspielt.

Es ist immer nur dieser Moment, in dem sich das Leben fühlen, spüren, schmecken und erfahren lässt, nirgendwo sonst.

Achtsamkeit

Auch Achtsamkeit ist nur möglich im gegenwärtigen Moment. Achtsamkeit macht uns zum Beobachter mit ungeteilter entspannter Aufmerksamkeit. Es ist ein Registrieren dessen was geschieht, ohne zu urteilen und ohne den Gedanken und Gefühlen einhaltlos Lauf zu lassen.

Es ist sicher nicht ganz einfach, dorthin zu gelangen, weil wir so daran gewöhnt sind, den ständig ratternden Gedanken zu folgen. Doch Übung macht den Meister und Meditation ist eine große Hilfe dabei, Achtsamkeit immer mehr in den Alltag zu integrieren, egal wo wir uns befinden oder was wir gerade tun.

Jeder Augenblick, jeder Moment wird dann zum Gegenstand unserer Wahrnehmung. Wir stehen in der Kraft von Hier und Jetzt, wie Eckehard Tolle es so wunderbar beschreibt in seinem Buch ›Die Kraft der Gegenwart‹.

Das Gute daran ist, wir müssen diese Fähigkeit weder irgendwo suchen noch erwerben, sondern nur in uns erwecken, weil sie bereits angelegt ist in uns. Es bedarf lediglich der Bereitschaft, sich zu öffnen für den gegenwärtigen Augenblick.

Jeden Augenblick achtsam zu begehen, schenkt uns Genuss und Erlebnismöglichkeiten, die wir uns oftmals nur zu erträumen gewagt haben.

Man könnte Achtsamkeit auch als ›mit dem Herzen schauen‹ bezeichnen. So wie Antoine de Saint-Exupery so treffend gesagt hat: «Man sieht nur mit dem Herzen gut, das Wesentliche ist für die Augen unsichtbar».

Achtsamkeit gepaart mit Hingabe ist ein Spiel mit den Gegebenheiten, voller Wertschätzung dessen, was geschieht. Ein Prozess intelligenter Wachheit. Achtsamkeit schenkt uns die Fähigkeit, sachlich unsere Wut, Trauer oder Angst zu beobachten. Wir greifen nicht mehr ein, wollen nichts verändern, sondern schauen lediglich hin, was gerade ist. Das ist alles.

Die innere Stimme

Wir alle haben eine innere Stimme, auch wenn wir sie oft ignorieren und lieber den Einflüsterungen des Egos folgen. Deshalb ist es gut, die beiden unterscheiden zu lernen. Auch das bedarf des Übens.

Es ist ein inneres still werden, das alles durchdringt. Wieder ist hier die Meditation ein geeignetes Mittel, um unseren inneren Raum zu betreten. Dort können wir unsere innere Stimme hören. Wobei es nicht nur ein Hören ist, es kann auch ein Fühlen oder Sehen sein.

Sobald sich aber Gedanken mit Be- oder Verurteilungen dazu mischen, hat das Ego uns schon wieder im Griff mit all seinen Vorstellungen, wie es sein sollte oder könnte und handelt dabei gegen unsere innere Stimme.

Die innere Stimme dagegen gibt uns Impulse, die jeder von uns bestimmt schon gehabt hat. Impulse, die wir spontan ausgeführt haben, ohne zu wissen, was dabei herauskommt und ohne sie zu hinterfragen.

Die innere Stimme ist wie ein Wegweiser auf dem Pfad des Lebens. Folgen wir diesem Wegweiser, macht sich Freude, Leichtigkeit und das Gefühl von Freiheit in uns breit.

Alle Begabungen, die möglicherweise noch in uns schlummern, werden sichtbar und drängen ans Tageslicht.

Die innere Stimme führt uns sozusagen immer in Richtung unseres Lebensziels. Es lohnt sich, sie wahrzunehmen, weil sie uns an die Hand nimmt und führt. Jeder von uns, ohne Ausnahme, besitzt diese innere Stimme. Wir müssen nur wieder lernen, sie zu beachten und ihr voller Vertrauen zu folgen.

Mitgefühl

Mit Mitgefühl gehen wir auf den Anderen zu und werden eins mit ihm. Aber wir verstricken uns nicht in die Geschichte des Anderen und lassen es auch nicht zu unserer Geschichte oder gar zu unserem Drama werden. Das wäre Mitleid. Wenn man mit leidet, blockiert man seine Fähigkeit, klar und angemessen helfen zu können oder den anderen zu unterstützten. Es ist also wichtig, durch liebende Hingabe den anderen zu verstehen, ohne Tadel und überlegener Besserwisserei.

Mitgefühl basiert immer auf einer selbstlosen Motivation und dem Gefühl des Eins-Sein. So können wir dann in der gegebenen Situation verweilen und klar und voller Verständnis handeln.

Im tibetischen Buddhismus spricht man immer ein Motivationsgebet, bevor man meditiert oder eine andere Praxis macht. Es ist voller Mitgefühl für alle Lebewesen, denen man wünscht, dass sie Glück erfahren und die Ursache für Glück erkennen. Daraus möge Gleichmut entstehen, der keinerlei Anhaftung und Ablehnung mehr hat.

Durch dieses Gebet erinnert man sich immer wieder erneut an die in uns wohnende Gleichheit, die nichts anderes hervorrufen kann als Mitgefühl.

Wir alle bewegen uns im Leben in einem großen Ganzen und haben darin die Aufgabe, uns an dieses Eins-Sein zu erinnern, sowie daran, dass wir alle im Grunde Kinder sind, Bruder und Schwester, sowie Mutter und Vater. Können wir das in aller Klarheit verstehen, wird Mitgefühl ein ständiger Begleiter in unserem Leben sein.

Vergebung

Vergebung ist ein wichtiger Baustein in unserem Leben. Stellen wir uns doch einmal die Frage «Haben wir die Macht, den Anderen, der uns etwas angetan hat, zu verändern, indem wir ihn tadeln, bestrafen oder irgendwie beleidigen». Kontemplieren wir darüber, werden wir erkennen, dass es lediglich der Befriedung unseres verletzten Egos dient und ansonsten nur weiteren Unfrieden schürt.

Besser wäre es, unseren Ärger zu durchleuchten. Das bringt Licht in die Gegebenheiten und damit ein Verständnis auch für den anderen. Ohne Verständnis finden wir nicht den Weg zur Vergebung.

Wahre Vergebung allerdings gelingt nur, wenn wir auch unsere Selbstliebe gefunden haben. Sie ist es, die in uns die Bereitschaft öffnet, vergeben zu wollen und damit auch zu können.

In der Selbstbetrachtung geschieht somit ein wichtiger Prozess, der uns die Vollkommenheit jeder Situation erfühlen lässt. Wir erkennen die Kraft des Friedens, die stärker ist als jeder Krieg.

Vergebung ist somit Stärke und keinerlei Schwäche. Es ist ein Aussteigen aus dem, was uns beherrschen wollte. Vergebung lehrt uns, besser mit dem Leben umzugehen. Sie kann all unsere Verletzungen heilen, weil wir uns für die Liebe entschieden haben.

Machen wir uns, jeder Einzelne, Gedanken über die eigene Vervollkommnung und nicht über die der anderen. Dann werden wir zu einer Gemeinschaft auf der Erde, die die Fähigkeit entwickelt, in Frieden miteinander zu leben.

Dankbarkeit

Dankbarkeit ist eine wertvolle Eigenschaft, die wir Menschen besitzen. Lassen wir sie in jedem Augenblick fließen, macht sie das Leben reich, intensiv und glücklich, weil keine Erwartungshaltung, Hoffnung oder Beurteilung es mehr einschränken.

Dankbarkeit hat die Kraft, alles zu neutralisieren, was sich zuvor womöglich in Hochmut, Stolz und Eitelkeit gezeigt hat.

Selbst unsere Erinnerung an bereits Gelebtes, positives, aber auch negatives, verwandelt Dankbarkeit in eine stille Freude, weil sie deutlich macht, dass alles einen Sinn hatte und uns weiter getragen hat im Leben, auch wenn die Erfahrungen damals vielleicht schmerzvoll waren.

Mit offenen Armen empfangen wir dann jeden Augenblick voller Dankbarkeit. Sie verleiht uns eine positive Ausstrahlung, die für jeden sichtbar wird. Das ist die

Macht der Dankbarkeit. Sie öffnet uns Türen und Tore, wohin wir uns auch immer wenden.

Es gibt Augenblicke im Leben,
die sind so schön und wunderbar,
dass du sie festhalten möchtest,
genieße sie voller Dankbarkeit
und sei nicht traurig, wenn sie vorüber,
denn das Leben
schenkt dir immer wieder Augenblicke,
die es wert sind,
zu leben

Eigenverantwortung

Wir sollten selbst die Verantwortung für unser Tun und Lassen im Leben übernehmen und nicht für alles, was schief läuft, die Schuld bei anderen suchen und damit unsere Eigenverantwortung leugnen.

Niemand, außer wir selbst entscheiden, ob wir wütend reagieren oder uns verletzt fühlen durch andere. Egal, wie andere sich uns gegenüber verhalten, wir haben immer die Wahl, wie wir darauf reagieren.

Das bedeutet nicht, dass wir uns alles gefallen lassen oder akzeptieren müssen. Eigenverantwortlich können wir jederzeit Grenzen setzen, allerdings ohne uns selbst oder unserem Gegenüber irgendwelche Härte oder Gewalt anzutun.

Fühlen wir uns dennoch verletzt durch eine Kritik oder die Verhaltensweise anderer, ist das eine Aufforderung vom Leben, womöglich einen fixen Glaubenssatz oder ein gewohntes Musterverhalten in uns aufzudecken. Es ist unsere Verantwortung, dem nachzuspüren und sich nicht auf scheinbar Altbewährtem auszuruhen.

Das führt uns dann zu einer neutraleren Bewertung der Situation, die keiner Aggression und Abwertung, weder dem Anderen noch uns selbst gegenüber, mehr bedarf. Aber eigentlich kann uns ja nur jemand verletzen, wenn wir selbst bereit sind, uns verletzen zu lassen.

Übernehmen wir die Verantwortung für uns, werden wir erfahren, dass eine geglaubte Schwäche Stärke sein kann, dass sich Wut in Mut verwandeln kann und Selbst-Abwertung zu Selbst-Bewusstsein wird.

Dabei geht es in keiner Weise darum, perfekt zu sein oder absolut frei von Fehlern. Es geht darum, bereit zu sein, sich selber zu reflektieren, um dann aus dem Erkannten heraus zu handeln.

Eigenverantwortung spricht die Sprache des Herzens. Dazu gehören auch Kritik und Ratschläge für andere, die wir aber nur dann äußern, wenn wir darum gebeten werden. Ohne diese Bitte ist es ein Einmischen in Angelegenheiten, die uns nichts angehen.

Eigenverantwortung trägt einen wichtigen Teil dazu bei, mit sich und den anderen glücklich und zufrieden leben zu können.

Mut

Was uns Menschen als weitere wichtige Eigenschaft mitgegeben wurde, ist der Mut. Ganz besonders der Mut, zu uns zu stehen, so wie wir sind.

Obwohl im Grunde jeder gut sein will im Leben, bedeutet es auch hier nicht, alles ausnahmslos bejahen, aushalten oder gutheißen zu müssen. Wir brauchen den Mut, zum rechten Zeitpunkt uns zu wehren, nachdem wir vorher genau und bewusst die Situation analysiert haben.

Ansonsten, Achtung, kommt unser schlaues Ego wieder auf den Plan, um uns zu Handlungen zu verführen, womöglich voller Aggression, die in keiner Weise etwas mit Mut zu tun haben, eher schon mit einer Wanderung im dicksten Nebel voller Angst und Minderwertigkeitsgefühlen.

Sich allen Gegebenheiten im Leben mutig zu stellen, kann manchmal auch bedeuten, seinen Job zu wechseln oder vielleicht den Wohnort, anderer Meinung zu sein, eine Partnerschaft, sei sie beruflich oder privat, aufzulösen oder eine neue einzugehen, kurz, bereit zu sein, neue Wege einzuschlagen.

Es ist die Kraft des Mutes, die uns an die Hand nimmt, wenn wir Neues wagen. Ein kleiner Funke kann zu einem Feuer werden, das für eine bestimmte Sache lodert.

Allerdings sollten wir auch den Mut aufbringen, die Möglichkeit eines Scheiterns zu erwägen, ohne deshalb gleich in Passivität stecken zu bleiben, gelähmt und freudlos. Denn das wäre ein Scheitern, bevor wir überhaupt erst begonnen haben.

In der Welt der Dualität gehört zum Mut eben auch der Mut zum Misserfolg. Wobei Misserfolg keine Form von

Niederlage ist, sondern eine Erfahrung, aus der heraus wir lernen und weiterwachsen können.

Wir brauchen also den Mut zum Lernen, um anschließend wieder zu verlernen, was uns von uns selber abgehalten hat. Zu verlernen all unsere Ängste, Sorgen, Unsicherheiten, kurz, all unsere Muster und Konditionierungen. Je mehr wir davon verlernen, umso weiser werden wir.

Mut, wann immer wir uns auf ihn verlassen, führt uns stets durch das Unbekannte zur Erfahrung, aus der Dunkelheit zum Licht, aus Unwissenheit zum Wissen.

Nur Mut,
das Leben ist der direkte Weg,
das Ziel, auf dem Pfad zur Freude

Humor

Mit ein wenig Humor lassen sich viele Probleme leichter bewältigen, ja selbst wenn wir trauern, hilft er uns, nicht völlig im Schmerz zu versinken. Wie sehr er ein Ventil sein kann, zeigt besonders deutlich das herzliche Lachen bei so manchem Leichenschmaus.

Zum Glück also besitzen wir diesen kleinen Kobold, den Humor. Er ist in der Lage, uns ein Schmunzeln oder Lächeln ins Gesicht zu zaubern, das mit Sicherheit reizvoller ist, als runter gezogene Mundwinkel.

Wenn wir um unsere innere Kraft wissen und uns vertrauen, fällt es uns leicht, humorvoll mit Missgeschicken umzugehen, besonders dann, wenn sie uns selbst passiert sind.

Und das Beste daran ist, Lachen ist gesund. Voller Humor und mit herzhaftem Lachen im Leben zu stehen, fördert tatsächlich unsere Gesundheit, weil es das Immunsystem stärkt und so manches Drama neutralisiert.

Wenn wir uns all die glücklichen, optimistisch gestimmten Menschen anschauen, die uns im Leben schon begegnet sind, entdecken wir, dass es nicht der materielle Reichtum ist, der sie glücklich macht, sondern eine bestimmte Einfachheit, Freude an den so genannten kleinen Dingen und eine Bescheidenheit, die gepaart ist mit einer großen Portion Humor.

So lasst uns versuchen, allem, was uns im Leben widerfährt, mit Humor zu begegnen und daraus zu lernen.

Humor ist, wenn man trotzdem lacht.

Freude

Freude ist der göttliche Funke, der in uns wohnt, wie es schon in Beethovens ›Ode an die Freude‹ heißt.

Sie erweckt den Blick der Liebe, der Neugier und des Staunens auf der Reise durch unsere menschliche Lebenszeit.

Auf dieser Reise ist Freude der Motor unserer Schöpferkraft. Damit erlangt unser Leben seine wirkliche Bedeutung. Wir sind dabei in keiner Weise von äußeren Umständen abhängig, um Freude und Glück zu finden, denn wir selbst erschaffen ja die Umstände.

Freude ist das Licht in uns, das voller Lebendigkeit nach außen drängt. Freude ist wie das Salz des Lebens. Und Salz ist kristallisiertes Licht. Wir sind Licht.

Freude ist ein bedingungsloses Geschenk und geht Hand in Hand mit der Liebe. Wenn wir diese Freude erfahren, können wir das Wesen fühlen und lieben, das wir in Wahrheit sind. Dann spüren wir das Göttliche in uns.

Unser Leben wird leichter, weil wir immer weniger Wünsche und Begierden haben, die uns sonst ständig ein Gefühl von Mangel und Unvollständigkeit vermittelten. Stattdessen sind wir bereit, durch alles, was sich zeigt, Freude zu empfinden, ohne es gleich besitzen zu wollen.

Freude ist der Flügelschlag, der unser Herz zum Singen bringt, denn die Welt ist Klang.

Sie ist die Spielart des Lebens, die den Zauber der Liebe entfacht. Einer Liebe, die in allem wohnt und der Urgrund ist allen Seins.

Liebe, Urgrund allen Seins

… und wüssten wir alle Geheimnisse,
und hätten alle Erkenntnis,
aber hätten die Liebe nicht,
so wären wir nichts.
(1.Korinther.13)

Wenn wir nun über all das kontemplieren, was in den vorangegangenen Kapiteln als Möglichkeit aufgezeigt wurde, werden wir spüren, wie wir vom gesamten Kosmos unterstützt werden in unserem Sein. Kontemplieren bedeutet, in der Stille der Meditation Gedanken, Situationen, ja sich selber genauer zu untersuchen. Bereit zu sein, bis auf den Grund dessen zu kommen, was wir wahrhaft sind, eben reines Bewusstsein. Ein Bewusstsein, das nur darauf wartet, sich zu entfalten.

Wenn wir bereit sind, dieses Potenzial in uns zu erkennen, können wir viel bewegen, weil wir dann wissen, wie und was Liebe ist. Nicht auf intellektuelle Weise, sondern aufgrund einer unmittelbaren, direkten Erfahrung. Plötzlich sehen wir Liebe in allem, ohne sie mit einer Idee oder einem bestimmten Bild zu belegen.

Diese Erfahrung von Liebe ist ganz einfach, normal und unkompliziert. Liebe ist überall, reines Bewusstsein, das darauf wartet, sich auszudrücken. Sie entsteht nicht, verweilt nicht und hört niemals auf. In ständiger Bewegung ist sie in und mit den Dingen.

Liebe ist nicht etwas, das uns unvermittelt überkommt und genauso plötzlich wieder verlässt. Liebe ist nicht, wie manche meinen, eine Sache des Schicksals oder des Glücks.

Wir alle haben die Macht, sie zu erwecken. Wir müssen nur erkennen, dass wir selber Liebe sind, als Teil der universellen Liebe. Es ist ein Naturgesetz, die Grundstruktur des Universums. Man könnte auch sagen, der göttliche Urgrund.

Diese Liebe ist wie ein riesiges Netz, die so genannte Matrix. Selbst Experimente weisen darauf hin, dass die alles verbindende Energie eine Art dicht gewobenes Netz ist.

Gregg Braden beschreibt es in seinem Buch ›Im Einklang mit der göttlichen Matrix‹ als ein Gefäß, in welchem das Universum existiert, als die Brücke zwischen inneren und äußeren Welten.

An jedem Knoten dieses riesigen Netzes sind gewissermaßen Spiegel, die unsere alltäglichen Gefühle, Gedanken und Überzeugungen reflektieren.

Der göttliche Urgrund ist somit das Echo eines jeden Augenblicks, sowohl in uns, als auch um uns herum. Eine Quantenbrücke zwischen dem Universum und uns. Wir sind verbunden mit allem was ist.

Dabei sind wir nicht nur Geschöpfe, sondern auch Schöpfer, die durch den göttlichen Urgrund ständig am Prozess des Lebens teilnehmen und ihm somit Sinn verleihen. Wir alle sind aufgefordert, bewusst und verantwortungsvoll an der Schöpfung teilzuhaben.

Liebe wohnt in unseren Gedanken und Gefühlen, in unserer Akzeptanz, Achtung und unserem Respekt allem gegenüber, was ist.

Das Erwecken der universalen Liebe lässt Göttlichkeit in uns aufleuchten. Wir geben und nehmen, so wie wir auch ein- und ausatmen.

Liebe macht es möglich, sich in die Lage des Anderen zu versetzen. Dabei hat diese Liebe nichts zu tun mit Moral oder Belohnung, sie reicht viel tiefer. Sie ist das Weltbaugesetz, die Verbindung von Gott-Erde-Mensch. Liebe ist die größte Nahrung, die uns das Leben schenkt. Alles baut auf ihr auf.

Betrachten wir ein Fischernetz mit seinen vielen zusammengesetzten Maschen, dann sehen wir, dass eine Masche allein keinen Sinn ergibt. Erst die Verbindung aller Fäden zueinander macht aus dem Ganzen ein brauchbares Netz. Ich finde, das ist ein sehr schönes Beispiel dafür, wie alles miteinander verwoben ist und durch diese Verbindung Sinn bekommt.

Die Liebe, die wir am deutlichsten wahrnehmen, und nach der wir uns am meisten sehnen, ist wohl menschliche Zweisamkeit.

Wenn solche Liebesgefühle emporsteigen und sich in der Mitte, dem Herzen, mit den herabsteigenden Gedanken verbinden, dann spüren wir die so genannten Schmetterlinge im Bauch, sind voller Gedanken der Hinwendung, die in uns Gefühle von Vertrauen, Anteilnahme, Nähe und Freude erwecken. Wir verschenken uns selbst und empfangen gleichzeitig die Liebe des Anderen. Das ist die romantische Liebe.

Viele Bücher wurden damit gefüllt, die schönsten Filme wurden gedreht und viel besungen wird sie auch. Sind wir verliebt, scheint alles aus Liebe und Zuneigung zu bestehen, egal wo unser Blick auch immer hinfällt. In so einer Situation, die wir sicher alle schon erlebt haben, spüren wir die Schwingung und können wahrnehmen, das alles aus Liebe besteht und sie alles durchwirkt.

Es gibt viele Formen von menschlicher Liebe, sei es die Mutter-Kind-Beziehung oder die zwischen Freunden, sei es die Liebe zur Natur, zur Kunst, zur Musik oder die Liebe zu Gott.

Immer dann, wenn wir offen, ehrlich und voller Vertrauen sind, zeigen wir unser innerstes Wesen. Wenn wir uns also gegenseitig offen unser wahres Selbst darbringen, ist nur Liebe möglich, denn es wird deutlich, dass das Selbst des anderen nicht getrennt ist von dem meinen.

Manchmal fahre ich mit dem Zug zu einer Freundin, die mich immer vom Bahnhof abholt. Sobald sie mich sieht, breitet sie die Arme aus, um mich zu begrüßen, mit einem Strahlen auf dem Gesicht, das vor Freude und Liebe nur so funkelt. Man spürt, wie klar und selbstlos es aus ihrem Herzen kommt. Diese Funken springen sofort auf mich über und ich antworte mit der gleichen Liebe. Wir sind dann zwei Herzen, bereit, sich offen gegenseitig zu empfangen. Liebe pur.

Doch die zwischenmenschliche Liebe ist nicht darauf beschränkt, zu sagen, ich liebe dich. Jeder Gedanke, jedes Handeln und Tun, alles was wir erschaffen, kann im Sinn der Liebe emporsteigen und gedeihen.

Tränken wir alles in Liebe, strahlt sie zurück. Wie der Mond, von der Sonne bestrahlt, ihr Licht reflektiert.

Musik zum Beispiel hat ein sehr breites Schwingungsfeld und wird auch Partner der Liebe genannt. Mit Musik können wir in die tiefsten Tiefen unserer Gefühle eintauchen. Sie kann Freude wie Trauer, Liebe wie Angst, Stille und auch Lebendigkeit beschreiben. Der Komponist, der sie erschafft, wie auch der Musiker, der sie belebt, taucht dabei in den göttlichen Grund seines Selbst und wird eins mit dem Werk.

Auch wenn wir nicht alle so begnadet sind, sind wir es doch auf unsere Art und Weise und können etwas schaffen, das aus dem Kraftfeld unseres Selbst kommt. Diese Schwingungen, reine Energie, lassen immer wieder etwas Neues entstehen. Liebe ist allgegenwärtig, ein Quell, der nie versiegt.

Sind wir ganz bei uns, erkennen wir, jede Blume auf der Wiese ist Liebe. Eine Rose, die ihre Knospe öffnet und dabei ihre Schönheit und ihren Duft verströmt, ist Liebe. Sie fragt nicht danach, was sie ist oder wer sie betrachtet. Sie ist und strahlt in ihrer schönsten Form, dem Licht zugeneigt, dessen Strahlen sie aufnimmt und reflektiert. Liebe ist Licht.

Liebe ist überall, auch in uns. In dem Menschen, der dir die Hand reicht, dir dabei in die Augen, in die Fenster deiner Seele schaut, ist Liebe. Die Mutter, die selbstlos ihre Kinder umsorgt, ist Liebe.

Liebe ist mitfühlend, Liebe heilt, Liebe ist kreativ. Ganz wichtig aber ist die Liebe zu uns selbst, weil sie uns trägt und nährt.

Hierzu eine kleine einfache Geschichte von Selbstliebe, die mir eine Freundin erzählte:

Ein wunderbarer Morgen im Sommer kündigte einen herrlichen Sonnentag an. Das veranlasste meine Freundin, ihre Sachen zu packen, um an dem in der Nähe gelegenen See schwimmen zu gehen. Sie war voller Vorfreude, als sich plötzlich dicke Wolken über die Sonne schoben und sie einen Hauch von Kühle verspürte.

«Schade», dachte meine Freundin, «so gerne wäre ich noch einmal ins Wasser gesprungen, aber jetzt wird es mir bestimmt zu kalt».

Ein Anflug von schlechter Laune kam auf. Völlig versunken in ihren negativen Gedanken fiel ihr Blick plötzlich auf Kinder, die am Steg spielten und ausgelassen herumtollten. Auch sie fröstelten ein wenig, doch ließen sie sich nicht davon abhalten, ihrer Freude Ausdruck zu verleihen.

Meine Freundin hielt kurz inne und bemerkte die dunklen Gedanken, die sie von ihrer Freude abhielten. Sie wandte sich wieder liebevoll sich selbst zu und erkannte, dass nicht die Wolken, sondern ihre abweisenden Gedanken sie vom Schwimmen abhielten.

«Ich kann doch schwimmen und mich gleich danach anziehen», war ihr nächster Gedanke.

Gedacht, getan! Sie tauchte in den See ein, dessen Wasser noch eine herrliche Temperatur hatte. Sie schwamm hinaus und liebte sich dafür, ihre verurteilenden Gedanken entdeckt zu haben, die sie beinahe von diesem Genuss abgehalten hätten. Jetzt war ihr Herz wieder erfüllt von Freude, die sie mit nach Hause nahm.

Genauso schwingt Liebe, wenn wir bereit sind, uns zu öffnen und unsere Gedanken über dieses und jenes dabei bewusst wahrnehmen. Wir beschenken uns selbst, wenn wir, so wie in dieser kleinen Geschichte, unser Herz öffnen, um vom Leben zu empfangen, was es uns schenkt.

Das Leben nimmt keine Bestellungen an, es findet in jedem Moment ganz einfach statt. Lassen wir Liebe in alles, was uns begegnet und bewegt, fließen, geht sie in Resonanz mit uns und strahlt wieder zurück.

Alles, wirklich alles basiert auf dem Urgrund der Liebe. So auch die Angst, macht sie uns doch bewusst, wenn wir uns nicht in Einklang befinden mit dieser Liebe in uns.

Quälen uns zum Beispiel negative Gedanken und uns befällt Angst, wird sie uns den Weg zur Liebe weisen, wenn wir sie aufmerksam betrachten und ihren wahren Sinn erkennen. Dann wird die Liebe unser Herz wieder mit Hingabe, Mitgefühl, Demut und Humor füllen und glücklich tanzen lassen.

Wir haben Freude an einem herrlichen Sommertag, den schnatternden Enten am See, den Bienen, die Blütennektar sammeln, kurz, wir leben in der Energie von Liebe.

Genauso im Winter, wenn wir uns wohlig und zufrieden mit einer Tasse Tee unter die kuschelige Decke aufs Sofa legen, ist das Liebe.

Wenn ein Lachen unser Herz erfreut, ist das Liebe.

Können wir dem Anderen zuhören und wir ihm Achtung und Respekt erweisen, ist das Liebe.

Ein Essen, das mit Hingabe zubereitet ist, wird zum Ausdruck von Liebe, egal ob es ein Fünf-Gänge-Menü ist oder eine einfache Kartoffelsuppe.

Ein Maler, der voller Schaffenskraft seinen Pinsel in die Farben taucht und selbstvergessen seine innersten Impulse und Wahrnehmungen auf die Leinwand bringt, handelt aus Liebe.

Liebe ist Energie, die sich sowohl materiell als Form, als auch im Formlosen ausdrückt.

Liebe ist Du und Ich, sie ist auch Wir, sie ist Alles.

Bei einem Bummel durch Straßen und Geschäfte begegnen wir einer Welt voller Formen, Muster, Farben und vielen Materialien, die sich verschiedenartig zusammensetzen. Wir können wählen zwischen so vielen Möglichkeiten und alles besteht aus Energie, aus Liebe.

Liebe beschwingt und schenkt Kraft, kreiert und erschafft. Nach getaner Arbeit, wenn sich wohlige Zufriedenheit ausbreitet und wir ›Ja‹ zu uns sagen, sind wir im Urgrund allen Seins, der Liebe. Wir speisen dann liebevolle Gedanken in die göttliche Matrix ein, die in Resonanz zu uns zurückkehren. All unsere Überzeugungen, seien sie positiv oder negativ, gelangen dorthin und schwingen entsprechend zu uns zurück.

Jeder einzelne von uns füttert diese Matrix mit seinem Handeln und Tun, wie auch mit seinen Gedanken, Emotionen und Gefühlen.

Das bedeutet, wenn wir uns unserer Liebe bewusst sind und auch so leben, kann die Resonanz nichts anderes sein, als sichtbar gewordene Liebe.

Liebe ist das verbindende Element zwischen allen Menschen. Alle sind wir Teil von diesem göttlichen Urgrund. Gott ist also nicht außerhalb von uns, sondern tief in uns und in allem, was existiert.

Sind wir bereit, diesem Göttlichen in uns zu folgen, können wir Terror und Krieg in Frieden verwandeln.

Reichen wir der in uns wohnenden Liebe die Hand, entwickeln wir immer mehr die Fähigkeit, Dinge und Begebenheiten zu durchschauen und sind nicht länger hilflos dem ausgeliefert, was uns den Blick auf die Wahrheit verstellt.

Dann fällt es uns auch leicht, uns selbst zu lieben und wer sich selbst liebt, natürlich nicht auf selbstsüchtige Weise, der wird anderen keinen Schaden zufügen, nicht nur weil er weiß, dass er sich damit selbst nichts Gutes tut, sondern weil er weiß, dass er es kann, weil es seine Natur ist.

Natürlich, wir wären keine Menschen, wenn wir nicht auch mal negative Gefühle hätten - sie gehören zu uns, wie die Wellen zum Meer. Es kommt nur darauf an, sie zu erkennen als das, was sie sind: vorübergehende Erscheinungen.

Bleiben wir nochmals beim Beispiel des Meeres:

Auch das Meer hat, genauso wie wir, in seiner Tiefe einen ruhenden Pol, selbst wenn sich die Oberfläche noch so heftig bewegt.

Es schwingt mit dem Wind, springt als Gischt die Felsen empor und rauscht, mal sanft, mal kraftvoll an den Strand. Dabei bleibt das Meer doch immer das, was es ist und kehrt stets zu sich selbst zurück.

Jedem Sturm folgt eine spiegelglatte, beinahe unbewegte See. In der Tiefe aber beherbergt es einen Reichtum und eine Vielfalt von Leben und stört sich nicht daran, was auch immer oben passiert.

Es ist, als wüsste das Meer, dass jede Welle, und sei sie noch so hoch, sich beruhigen und zurückkehren wird zum großen Ganzen.

Würde es versuchen, diesen Ablauf aufzuhalten, würde es erstarren wie dickes Eis, das schwer zu durchdringen ist.

So erstarren auch wir, wenn wir von unseren Gedanken nicht lassen können, uns verbissen immer tiefer in sie verrennen, anstatt sie gelassen und liebevoll als das zu erkennen was sie sind, eben vorübergehend. Liebe ist hier die Wärme, die das Eis schmelzen lässt.

Wir können eintauchen in all unsere Gedanken, Handlungen, Begegnungen, Situationen, egal wie sie sich zeigen und doch immer wieder zurückkehren zum Urgrund dessen, was wir sind, nämlich Liebe. Dieser Urgrund, der all das als Illusion entlarvt, was uns als dauerhaft und beständig erscheint.

Die Liebe ist, ohne sich jemals zu verringern oder zu verlieren, Bewegung, Bewegung im Hier und Jetzt. Sie ist unendlich, erfüllt das ganze Universum, sie ist der Raum, der zwischen den Objekten als leer erscheint, aber dennoch voller Möglichkeiten ist. Eine Quelle, die nie zu versiegen scheint.

Das Wissen um diese immer sprudelnde Quelle macht uns frei und unabhängig von anderen Menschen, Situationen und Dingen. Dadurch werden wir authentisch in unserem Handeln und Denken.

Wenn es zum Beispiel angebracht ist, sich von Menschen zu trennen, die uns ein Stück des Weges begleitet haben, können wir sie dennoch weiterhin achten, so wie sie sind und dankbar sein für die Erfahrung, die wir mit ihnen machen durften.

Auf die gleiche Weise können wir lieb gewonnene Gegenstände loslassen, wenn sie uns genommen werden. Wir bleiben nicht hängen daran, stattdessen sind wir offen für das, was das Leben noch für uns bereithält.

Egal was oder wie du es tust, egal was gerade geschieht, liebe dich dafür, dass du es tust und wie du es tust. Dann befindest du dich in dem weiten Raum der in dir wohnenden Natürlichkeit, einer Manifestation von Liebe. Das Ich und die Anhaftung an das Ego brechen weg wie morsche Mauern, wenn wir in der Lage sind, alles zu lieben, egal was oder wie es ist. Wir erkennen, wir sind schon immer am Ziel, nachdem wir so lange gesucht haben. Wir entdecken, dass es nichts zu erlangen gibt, weil wir es längst schon haben.

Lasst uns lieben, alles und alle, weil jeder Moment so wie er ist, perfekt ist und frei.

Egal wie uns das Leben erscheint, es bleibt immer das eine, der Urgrund allen Seins. Es ist ein Spiel mit sich selbst, ein Spiel von Zeit, Raum und Kausalität, das diesem Einen entspringt.

Ja, da ist sie nun, sichtbar, fühlbar, spürbar, die Liebe, die alles umfasst. Sie steigt empor, wie die Sonne in den Tag taucht und der Mond, angestrahlt von ihrem Licht, die Nacht erleuchtet.

Die Liebe, die sich wie eine Möwe aufs Meer setzt, sich wiegen lässt, wieder aufsteigt in die Lüfte, um sich dann vom Strom des Windes tragen zu lassen. Eine Liebe, wie der unablässig strömende Fluss, in ständiger Bewegung und Veränderung.

Es gibt keinen Ort, an dem die Liebe nicht vorhanden ist. Sie ist das Gefäß, aus dem man ohne Ende schöpfen kann.

Am Ende unseres Lebens wird das Einzige, was je Bedeutung hatte, die Liebe sein. Nur die Liebe, sonst nichts.

Die Liebe ist das größte Geschenk, sie erst gibt dem Leben Sinn und macht es lebenswert.

Willkommen, Gott oder Göttin, auf dem Urgrund allen Seins, der Liebe und der Gleichheit von allem, was lebt. Nehmt eure Liebe und Energie, durchbrecht all eure selbst gesteckten Grenzen. Tretet hervor und schenkt euer Licht dieser Welt.

Auf der Suche nach Liebe
irrte ich umher,
in allem, was mir begegnete.
Erst als ich mich dem Finden zuwandte,
erkannte ich,
dass Liebe überall ist,
niemals verborgen,
sondern immer schon da.
Jetzt spüre ich,
das Pulsieren der Erde
ist auch das Pulsieren
in meinem Blut

Noch ein Wort zum Schluss

Gehe dem Licht entgegen,
erkenne dich im Spiegel des Lebens wieder,
die Aufmerksamkeit auf das gerichtet, was du bist,
und auf den Sinn dessen, was geschieht,
in jedem Augenblick.

Wenn wir uns entscheiden können, das Gelesene einfach auszuprobieren und selber zu überprüfen, was an all dem wirklich dran ist und uns dabei von den Gedanken lösen können, wie es sein sollte, sondern uns tragen lassen von der eigenen Intuition, schlagen wir einen Weg ein zur ureigenen persönlichen Erfahrung.

Er wird zu einer Innenreise zu den verschiedenen Situationen, die uns zu tiefen Einsichten über unser Denken und Tun führen werden.

Solche Einsichten stehen im Dienst des Lebens, und wir können davon ausgehen, dass sie der Wahrheit entsprechen.

Genau wie die Tatsache, dass jeder von uns Eltern hat, durch die wir dieses Leben empfangen haben, ist es eine Wahrheit, dass unsere körperliche Hülle, die uns für all die Erfahrungen auf der Erde dient, sterben wird.

Aber der Tod ist lediglich die Geburt in eine neue Dimension.

Was uns dahin begleitet, ist unser Bewusstsein, das uns zu unseren Erfahrungen geführt hat und uns weiter führen wird.

Dieses Bewusstsein gilt es, in diesem Leben zu entdecken, um dann sicher zu sein, dass wir mit etwas verbunden sind, das unabhängig von unserem Körper existiert.

Diese Erkenntnis kann sich in jedem bewusst gelebten Augenblick entfalten. So gelangen wir auch zu einem tiefen Wissen über unsere Verbundenheit mit dieser Erde.

Wir alle können lernen, uns in diesem All-Bewusstsein zu bewegen. Jeder in seinem Tempo und gemäß seiner eigenen Erfahrung. Aber es ist wichtig, nicht nur intellektuell darum zu wissen, sondern es tatsächlich auch zu leben und zu sein.

Wie das Wort Erkenntnis sagt: ›Erkenne, was ist‹.

Lasst uns also bereit sein, zu erkennen und alles zu umarmen, ohne zu umklammern. Lieben, ohne sich zu fixieren. Uns selbst und auch anderen zu erlauben, lernen zu dürfen im ständigen Weitergehen und geschehen zu lassen, was nicht zu ändern ist.

Wir haben immer eine Wahl, die Richtung zu wechseln auf den Wanderwegen des Lebens.

Egal, wohin wir uns auch wenden, wenn wir es mit einem liebevollen Herzen tun, werden wir den Weg finden, auf dem wir wieder in Kontakt mit uns selbst kommen.

So wollen wir uns mutig selbst erforschen mit Fragen wie:

Was hindert mich daran, mich selbst zu lieben?
Was hält mich zurück, meine eigenen Visionen, Ideen und Träume zu verwirklichen?
Wann und wo habe ich mich verloren?
Wann und wo habe ich mich in meine Illusionen verstrickt?
Wann und wo bin ich meinem Verstand gefolgt, der zwar klug ist, aber das Wesentliche nicht weiß?

Wäre es nicht wunderbar, nun endlich mal die Antworten auf solche Fragen da zu suchen, wo es sich wirklich lohnt, nämlich in uns selbst?
Leider sagen wir immer viel zu schnell, das sei unmöglich!! Doch diejenigen, die das Unmögliche wollen, verändern die Welt. Wir alle sind in der Lage, uns aus dem gefühlten Getrenntsein wieder auf das Miteinander einzuschwingen.

Noch ein letztes Beispiel:
Nehmen wir ein Puzzle, dass viele Teile hat und jedes seine eigene Form. Eines allein ergibt noch kein Bild, ist aber dennoch einmalig. Erst wenn wir die Teile zusammenfügen, ergibt dies ein großes Ganzes.
Wir sehen, jedes Teil ist wichtig. Fällt eines weg, kann das Bild sich nicht in seiner Vollendung zeigen.
Auf uns Menschen übertragen heißt das, dass wir nicht etwas Besonderes zu sein brauchen, weil wir es längst

schon sind. Trotzdem sind wir aufgefordert, zum Wohle aller unseren Beitrag zu leisten.

Machen wir den Anfang und lauschen dem Flüstern der Wahrheit tief in unserem Inneren, denn Worte, vom Verstand gemacht, sind nur ein Versuch sie zu beschreiben und können uns auch in die Irre führen.

Ich möchte jeden einzelnen ermuntern, sein Herzen öffnen zu wollen für das Wesentliche und kraftvoll Entscheidungen zu treffen, die lauten könnten:

Ich bin bereit, mich zu erinnern.

Ich bin bereit, aus meinem Herzen wieder wahr, tief und Mitfühlend zu lieben.

Ich bin bereit, mich durchfluten zu lassen von dem was ist.

Ich bin bereit, bewusst im Augenblick zu leben.

Ich bin bereit, mich aus dem gefühlten Getrenntsein wieder in die Ganzheit zu bewegen.

Ich bin bereit, zu erfahren, was es bedeutet, mit allem verbunden zu sein.

Ich bin bereit, meine Einzigartigkeit kennenzulernen.

Ich bin bereit, Verantwortung für mich zu übernehmen.

Ich bin bereit, meine Aufmerksamkeit wieder mehr nach Innen zu richten.

Ich bin bereit, meine Gaben und Fähigkeiten zu entdecken.

Ich bin bereit, Vertrauen ins Leben zu entwickeln.

Ich bin bereit, mich im Spiegel des Lebens betrachten.

Ich bin bereit, meine innewohnende Kraft in all meinen Handlungen zu entfalten, geradlinig, zielsicher und gelassen.

Ich bin bereit, immer weiter mit dem Pulsieren der
*   Erde zu gehen.*
Ich bin bereit, mich durch neue Entscheidungen und
*   Erkenntnisse zu ungeahnten Lösungen führen zu lassen.*

So lasst uns alle ein Licht sein, das brennt und strahlt im ewigen Weitergehen. Summen wir das Lied, das von Liebe spricht und tragen wir es hinaus in die Welt.
Tanzen wir den Tanz der Umarmung und des Loslassen. Den Tanz von Geben und Nehmen. Den Tanz der Freude des Seins. Den Tanz der Dualität, die letztendlich doch eine Einheit ist.
So werden wir Meister über uns selbst. Und wenn immer mehr anfangen, an ihrer eigenen Meisterschaft zu arbeiten, strahlt die Schwingung der Gemeinsamkeit weit hinaus und erschafft so eine Welt voller Liebe.

Das Leben hat dir ein untrügliches Signal mit auf den Weg gegeben. Es zeigt, ob du das für dich Wesentliche gerade lebst oder nicht...

DEINE NATÜRLICHE FREUDE

Herr, gib mir die Kraft,
Dinge zu ändern, die ich ändern kann.
Die Gelassenheit,
das Unabänderliche zu ertragen
und die Weisheit,
zwischen beidem die reche Unterscheidung zu treffen.
(Franz von Assisi)

Danksagung

Zum Schluss möchte ich mich bei den Menschen bedanken, die nicht nur an mich geglaubt haben, sondern auch mit selbstlosem Einsatz dieses Projekt unterstützt haben. Allen voran mein geliebter Mann und größter Kritiker, der mit großem Einsatz, Geduld und Ausdauer dieses Buch mitgestaltet hat.

Dank auch an meine ehemalige Lehrerin und heutige Freundin Ursula Bresser, die mir mit Rat und Tat, sowie voller Liebe zur Seite stand, mit offenem Ohr und ehrlicher Kritik. Immer geduldig im Zuhören und Diskutieren. Viele freudvolle Stunden voller Lachen haben wir dabei gemeinsam verbracht.

Dank an meine Freundin Claudia Lackner, die mich nicht nur auf all meinen Seminaren und Vorträgen mit ihrer wunderbaren Stimme begleitet, sondern mich auch mit ihren Liedertexten immer wieder inspiriert hat bei der Entstehung dieses Buches.

Dank auch an meine Freundin Helga Kammerlander, die mir mit ihrem ganzen Sein geduldig zugehört hat.

Dank an meine Eltern, Kinder und Enkelkinder, von denen ich viel lernen durfte.

Dank an alle meine Klienten, die dieses Buch bereichert haben durch ihre Geschichten und Erfahrungen.

Dank an all die Menschen, die mein Leben so reich gemacht haben und durch die ich viel erfahren durfte, auch in schwierigen Lebenslagen.

Mehr über die Arbeit von Claudia Solbach, sowie Informatio-
nen zu ihren Vorträgen und Seminaren auf ihrer Website
www.herzenswahrheit.de